KiWi

Paperback

KiWi

830

Über das Buch:

Und welche Mannschaft bist du? Im kalten Deutschland des Wirtschaftswunders ist das Flüchtlingskind Klaus Theweleit der Hamburger SV. Er spielt mit einem Fußball aus Schweinsblase, erfindet stets neue Zählweisen beim Kick gegen die Wand und führt Listen mit imaginären Tabellen. So entsteht ein Modell des In-der-Welt-Seins, das ein Leben lang nicht mehr verloren geht. Später hat Theweleit es auf Pop, Film, Literatur und Wissenschaft übertragen, doch hier erzählt er seine Kindergeschichte als komplett am Magneten Fußball ausgerichtet. Dabei entstand ein erstes Ordnungssystem und öffnete sich ein Tor zur Welt. Später hat Theweleit das Spiel zu lesen gelernt und behandelt es nun wie einen Text. Er untersucht die Spiele der letzten Weltmeisterschaft nach ihren übersehenen und doch entscheidenden Wendepunkten. Ein Ausweichen von David Beckham im Zweikampf, das Englands Ausscheiden vorangeht. Die Position von Schiedsrichter Collina im Finale von Yokohama, der Deutschlands Titelgewinn im Weg steht. Theweleit fahndet zudem nach den Grundlagen des modernen Fußballs und stößt dabei auf die Kinderspiele, die heute digital sind und für ein ganz neues Verständnis von Raum sorgen. Dem renommierten Autor gelingt eine erhellende und verblüffende Betrachtung von Fußball, wie es sie bislang noch nicht gegeben hat.

Der Autor:

Klaus Theweleit, geboren 1942 in Ebenrode/Ostpreußen, ist Professor für Kunst und Theorie an der Staatlichen Akademie der Bildenden Künste Karlsruhe, Lehrbeauftragter am Institut für Soziologie der Universität Freiburg und Schriftsteller.

Er veröffentlichte u. a. »Männerphantasien«, 1977/78, »Buch der Könige Bd. 1, 2x, 2y«, 1988,1994, »Objektwahl. All you need is love«, 1990, »Pocahontas in Wonderland. Shakespeare on Tour«, 1999, »Der Knall«, 2002, »Deutschlandfilme. Godard, Hitchcock, Pasolini. Filmdenken & Gewalt«, 2003.

Klaus Theweleit

Tor zur Welt

Fußball als Realitätsmodell

Mit einem Vorwort von Christoph Biermann

Kiepenheuer & Witsch

4. Auflage 2004

Lektorat: Christoph Biermann
Umschlaggestaltung: Barbara Thoben, Köln
Umschlagfoto: © zefa
Gesetzt aus der Garamond (Berthold)
Satz: Kalle Giese, Overath
Druck und Bindearbeiten: Clausen & Bosse, Leck
ISBN 3-462-03393-X

Oder ist der Fußball in irgendeinem Sinne »runder« als andere Bälle?

(Christoph Bausenwein, *Geheimnis Fußball*)

***

Ballene, *spanisch* = der Wal

***

Wie unaussprechlich tief sind die Entsprechungen bei euch verkettet! Es lebt und webt ja kein Atom in der Materie, und sei es noch so klein, das nicht sein abgefeimtes Duplikat im Geist besitzt.

(Herman Melville, *Moby-Dick*)

***

Tore lauern überall.
(Eduardo Galeano)

***

Gewidmet den neuen Fußballschreibern auf Ballfang im Wörtermeer.

Inhalt

Vorspiel

Wenn wir von Traumtoren sprechen, ist meist von solchen Treffern die Rede, die in großen Arenen erzielt werden. Vor Zehntausenden auf den Rängen und Millionen am Fernseher. Sie werden so genannt, weil sie traumhaft schön sind oder den Traum von großen Siegen und ewig gültigen Triumphen erfüllen. Doch Traumtore haben noch eine andere Seite. Sie sind stets schon vorgeträumt in Kinderzimmern, mit dem Ball als Teddybär neben dem Kissen oder wachgeträumt beim Hinterhof-, Strand- und Straßenkick.

Nur die wenigsten dieser Traumtore werden später auf der großen Bühne eingelöst. Das ist aber nicht weiter wichtig, weil das Tor im Spiel gegen Väter, Brüder oder Freunde eine zweite Bedeutung hat: Wir alle müssen auf unserem Weg aus der Kinderwelt ein Tor durchschreiten, um anzukommen oder wegzukommen. Ob wir Fußballspieler sind oder nicht.

Klaus Theweleit geht dem Zusammenhang von diesem Tor zur Welt und den kleinen und großen Traumtoren des Fußballs nach. Dabei wird die Flugbahn der gekickten Schweinsblase untersucht und die Frage erörtert, wann und wie man beim Auswürfeln der Deutschen Fußballmeisterschaft schummeln darf. Ein denkendes Knie spielt ebenso eine Rolle wie das Margarinealbum der Helden von Bern. Der Weg des Kindes in die Welt geht über das Spielen, und nicht selten steht da ein Fußballtor.

Beim jungen Alfred Hitchcock waren es nicht Tabellen, sondern Straßenbahnfahrpläne. Als der spätere Filmregisseur fünf Jahre alt war, wurde in der Nähe des Elternhauses in London eine große Straßenbahnkreuzung angelegt. Mit den Jungs aus der Nachbarschaft stand er dort und wettete, welche Bahn wann ankommen würde. Er lernte erst die Fahrpläne der

Straßenbahnen auswendig, danach waren es die von British Rail. An der Wand im Kinderzimmer hängte der kleine Alfred eine Weltkarte auf und markierte dort mit Nadeln, wo die großen Schiffe des Empire gerade unterwegs waren. Das war Hitchcocks »Schritt in die Welt«, damit schaffte er eine erste Spannungs-Ordnung für sich und außerdem die Befriedigung seines Bedürfnisses nach Sicherheit.

Der junge Klaus Theweleit lauschte den Fußball-Ergebnissen aus dem Radio. Das Flüchtlingskind aus Ostpreußen freute sich am Namen FK Pirmasens, er fragte sich, wo dieses Schalke wohl sein mochte, und spielte Fußball mit allem, was dazu taugte. Fußball ordnete seine Welt und verschaffte ihm ein Realitätsmodell, wie es die Pläne und Karten bei Hitchcock taten.

Seine Spielwelt mit dem Fußball schützte ihn auch vor väterlichen Übergriffen und half beim Aufprall auf die Welt, selbst wenn es weh tat. Das gezielte Foul in einem Amateurkick beschädigte sein Knie. Doch das von nun an malade Gelenk bewahrte Theweleit vor der Bundeswehr und half ihm später, als »denkendes Fußballknie« in einer entscheidenden Phase beim Schreiben seines Buchs »Männerphantasien«.

Nach seinem auch durch Fußball gelungenen In-die-Welt-kommen hat Theweleit das Spiel nicht hinter sich gelassen und dieses Tor zur Welt geschlossen. Vielmehr entpuppte es sich als Zugang in viele andere Welten. Allerlei Mechanismen des Systems Fußball wie arithmetisches Denken zur Analyse von Tabellen, soziale Erfahrungen auf dem Platz und dort erworbene Erkenntnisse über Menschen erwiesen sich als auch in anderen Lebensbereichen gültig.

Dieser Textes lässt sich in seiner Wirkung durchaus mit dem vergleichen, was viele Leser von Nick Hornbys »Fever Pitch« faszinierte. Während sich dort die meisten Fußballfans wiederfinden konnten, wird Theweleits »Tor zur Welt« zahllosen, erwachsen gewordenen Straßenfußballern einen ähnlichen Spiegeleffekt bieten. Ebenso werden jene Theoretiker ihr Vergnügen haben, die über die weitergehende Bedeutung des Fußballs nachdenken. Die merkwürdigen Verstrickungen des Spiels mit Politik, Wirtschaft, Kultur und Medien fasst der Autor nämlich aus ungewöhnlichen Blickwinkeln ins Auge. Mit analytischem Scharfsinn und feinem Gespür für Kuriositäten nähert Theweleit sich tausendfach diskutierten Themen wie der Fehlbarkeit von Schiedsrichtern, dem Riss zwischen vermeintlichen Scheiß-Millionären auf dem Rasen und Fans oder der veränderten Berichterstattung über Fußball. Außerdem hat er Neues über die Veränderungen des Spiels an sich zu sagen und erklärt, wie sich diese aus einem veränderten Denken ergeben.

Theweleit geht über einen Vergleich der Parallelwelten von Fußball und gesellschaftlichen Zuständen weit hinaus; er schließt das Spiel auf verblüffende Weise mit der Digitalisierung und der daraus resultierenden Veränderung unserer Wahrnehmung kurz. Oder konkret gefragt: Was wird aus Fußball, wenn es von denen gespielt wird, die auch Videospieler sind?

Theweleit wagt Thesen, die nicht längst durch einen allgemeinen Konsens abgesichert sind. Er hat einen stets präzisen Blick, ob auf die eigene Biographie mit Ball, die allgemeinen Fußballverhältnisse oder das Spiel an sich. So spürt er vor dem Fernseher mit Hilfe von Einzelbildschaltung die entscheidenden Momente der letzten Fußballweltmeisterschaft auf und kommt zu dem Schluss, dass der entscheidende Treffer von Ronaldo im Finale Kahns Patzer zwar zur Hilfe, aber nicht zum Ursprung hat. Auf der Suche nach den kleinsten Details, Marginalien, die heute Spiele entscheiden, stößt er bei seiner Videoanalyse auf ein folgenreiches Stellungsspiel von Schiedsrichter Collina und beim Ausgleichstor der Brasilianer gegen

England auf einen höchst bemerkenswerten Sprung von David Beckham ins Seitenaus.

Dieses Buch ist zugleich Untersuchung wie auch Ausdruck einer kulturellen Blüte. Nie zuvor wurde so viel und so weit changierend über Fußball geschrieben, nie zuvor war der Stand des fußballerischen Denkens so hoch. Vielen ist es heute nicht mehr unangenehm, dass ihnen der Fußball das *Tor zur Welt* aufgestoßen hat. Klaus Theweleit wünscht, dass man es besser nicht wieder zufallen lassen sollte. Er plädiert entschieden für eine Existenz in der Mischwelt aus Fußballphantasien und Lebensrealitäten. Und er fordert auf, weiter am Ball zu bleiben.

Köln, im März 2004

Christoph Biermann

Teil I
Leben mit Ball

Können wir das All nicht bewegen,
bewegen wir doch den Ball.

(Vergil)

Quartier machen

Ostenfeld 1945, ein Bauerndorf bei Husum. Bei jedem Bauern waren Flüchtlinge einquartiert. Wir mit neun Leuten in zwei Zimmern. Die Bauern gaben die Zimmer nicht gern her, natürlich nicht. Aber der verlorene Krieg musste geteilt werden. Und immerhin bestätigte unsere Anwesenheit die Vorteile ihrer Lage. Sie waren gut weggekommen, sie hatten noch alles, Haus, Hof, Viecher, Butter, Speck. Die Flüchtlinge hatten alles verloren und mussten betteln. Da konnten die unfreiwilligen Wirte ruhig zwei Zimmer für zwei, drei Jahre hergeben.

Die Störungen, die auftraten, waren auch mehr atmosphärisch, kein offener Krieg; den gab es nur für Momente, wenn einer meiner Brüder des Diebstahls etwa eines verschwundenen Schinkens beschuldigt wurde und unser Vater solche Anschuldigungen zurückwies: »Ich verbitte mir dies, Herr Hansen. Wir sind eine Beamtenfamilie. Preußische Beamtenkinder stehlen nicht.« Dass einer meiner Brüder mir mal ein Stück Schinken zusteckte, kann ich aber nicht leugnen. Der jüngste von ihnen, Günter, schoss mir manchmal ein paar Bälle aufs Scheunentor. Aber sieben Jahre Unterschied waren zu viel, er war zwölf, ich fünf im Jahr 1947. Die Schüsse blieben Zufallsgeschenke.

Außer dem Dorf und den nie abreißenden Erzählungen von der »verlorenen Heimat« kannte ich nichts »von der Welt«. Aber Namen waren im Luftraum: das unüberhörbare Bonn im Radio, NWDR, Nordwestdeutscher Rundfunk, Sendeorte Hamburg und Köln, das besatzte Berlin, die Städtenamen aus Schlagern, eine Maria aus Bahia (wo das wohl war?), eine Rose vom *Wörthersee*, die Beine einer Dolores für die Seniores in Spanien. Das verlorene Königsberg,

Keenichsberch, weit im Osten, war meinen Ohren vertrauter als das 100 km nahe Hamburg. *Hamburch*. Unerreichbar fern.

Sunday Evening

Ein magischer Moment – sonntags nach den 19-Uhr-Nachrichten die Fußballergebnisse. Die Spiele der deutschen Oberligen. Es gab vier davon, Nord, West, Süd und Südwest und eine fünfte in Berlin, die mir aber seltsam fern blieb. Eine Fülle von Namen mit den seltsamsten Klängen, die sich mir einprägten. Spielvereinigung Erkenschwick, Hamborn 07, Schalke 04, Preußen Münster, das war West. (Wieso hießen die »Preußen«? Preußen war doch »verlorene Heimat«? Unbeantwortete Fragen eines fünf-, sechs-, siebenjährigen Hirns an die Erwachsenenwelt.) Namen voller Geheimnis, Alemannia Aachen – Aachen, das kam auch oft in den Nachrichten vor, Schmuggler wurden dort festgenommen oder entkamen nach Schusswechseln, Zigaretten, Kaffee, es ging hoch her im Aachener Forst zwischen Belgien, Holland und Deutschland. Sportfreunde Katernberg, die stellte ich mir schwarz vor, weil schwarze Katzen für mich Kater waren. Wusste ich natürlich nicht, dass »schwarz« gar nicht so falsch lag, bei einem Bergarbeiterclub. Horst-Emscher – hießen die in dem Club alle Horst? Das konnte doch wohl nicht sein. Sehr merkwürdig. Dann Süd: der VfB Stuttgart, FC Augsburg, SpVgg Fürth, 1. FC Nürnberg (wer bestimmte, wer 1. FC heißen durfte: 1. FC Köln, 1. FC Kaiserslautern – irgendwie waren das wohl Großvereine), Merkwürdigkeiten wie Schweinfurt 05 (was das wohl für ein Ort war? Hihi). Südwest mit den allermerkwürdigsten Namen: FK Pirmasens, das klang wie Gewürze, Wormatia Worms (den Namen kannte ich also schon, als die Stadt später aus den Nibelungen angeritten kam), Eintracht Trier, Mainz 05 (das ich als Meins 05 hörte; wie konnte eine Stadt so heißen?), Missverständnisse und Verständnisse, die sich im Lauf der Jahre aufklärten bzw. verfestigten zu einer Art erstem Deutschlandbild.

»Deutschland, was ist das?« – »Das ist dein Vaterland. Wir sind Deutsche. Kannst du stolz drauf sein«, sagten die Eltern. Für mich war Deutschland eine Ansammlung geheimnisvoller Fußballnamen. Großer Namen. Die Oberliga Nord mit dem HSV, der immer gewann bzw. gewinnen sollte. Wenn der HSV mal verlor, ging ein Raunen durchs Wohnzimmer. Wer konnte die geschlagen haben? Eintracht Braunschweig vielleicht, Hannover 96, St. Pauli (keine Ahnung, dass auch das Hamburg war). Altona 93 war Hamburg, Eisenbahnstützpunkt, das hatte ich mitbekommen. Überhaupt viel Hamburg im Norden, Concordia Hamburg, Victoria Hamburg. Und andere schöne Namen wie Lüneburger SK. *In der Lüneburger Heide, in dem wunderschönen Land*, Liedrepertoire meiner Mutter, aber auch im Radio. Das gab's also wirklich. Man spielte Fußball da. Und Phönix Lübeck, was für ein wundersamer Name. Noch sagenhafter, als ich vom Vogel Phönix hörte.

Eine Landkarte war es noch nicht, das wäre zu viel gesagt, aber nach und nach wurde ein geographisches Orientierungssystem daraus. Immer wenn ich einen Atlas in die Finger bekam, suchte ich zuerst einmal nach den Fußballnamen: VfL Stade, Werder Bremen, Bremer SV – oh, Bremen, das war ein großer Fleck auf der Karte und Bremerhaven 93 noch gleich mit dabei. Zwar nicht gleich »die ganze Welt« auf Schiffskarten, aber zumindest Deutschland/West bekam ich kartografiert, wenn ich die Fußballnamen auf die Atlaskarten übertrug.

Die »Stadt Schalke« konnte ich nicht finden, trotz ihrer sechs deutschen Meisterschaften. Sie musste im Westen sein. Fortuna Düsseldorf, Rot-Weiß Essen, alle waren da, aber kein Schalke nirgendwo mit seiner Glückauf-Kampfbahn, wie sie im Radio sagten. Die musste es doch irgendwo geben, so wie das Stadion Rote Erde der Dortmunder Borussia doch sicher in Dortmund stand.

Dass Borussia ebenfalls »Preußen« heißt, schnappte ich später aus einer Zeitung auf. Die Häufung des Vereinsnamens Borussia im Westfälischen und am Niederrhein wurde da als Ausdruck des Willens der westfälischen Vereinsgründer erklärt, zum Staat Preußen gehören zu wollen, zum neu entstehenden Deutschen Reich des Kaisers Wilhelm I. Eine Namensgebung aus der Vorfußballzeit also, gegen Holland und Frankreich gerichtet. Geographieunterricht, Geschichtsunterricht. Dass es vor mehr als 100 Jahren einmal einen Turnvater Jahn gegeben haben sollte, machte einen Vereinsnamen wie Jahn Regensburg verständlich. Auch das TSV, das so viele schleswig-holsteinische Vereine vor ihren Ortsnamen führen, Turn- und Sportverein, musste auf diesen Turnvater zurückgehen, das »T« darin jedenfalls. Beim TSV Ostenfeld, unserem Dorfverein, spielte man Handball, beim TSV Bredstedt, dem Verein der nächsten Kleinstadt, Handball und Fußball, turnen hab' ich nie einen gesehen. Das waren also Namen aus burschenschaftlich-republikanisch-nationaler Sport-Ertüchtigungsbewegung des deutschen Vor- und Nachmärz. In Schleswig-Holstein anti-dänisch.

Das sind Vorgriffe in den zehn, zwölf Jahre älteren Kopf. Der heute, über 50 Jahre älter, immer noch voller Lücken ist. Warum heißt Ajax Amsterdam so? Wegen Homer etwa? Warum heißt Rotterdam Feyenoord? Ist das ein Stadtteil? Wie Schalke von Gelsenkirchen? Wie kommt das Wort Grasshoppers zu einer Mannschaft aus Zürich? Bei Celtic Glasgow,

Glasgow Rangers, Atlético Madrid oder auch Tottenham Hotspur kann man sich was denken, politisch oder thekenpolitisch. Bei Roter Stern Belgrad auch. Und bei Girondins Bordeaux. Aber was ist Hajduk Split? Lazio Rom? Rosenborg Trondheim?

Schöne Namen, geheimnisvolle Namen, fantasiestiftende Namen aus dem kleinen Radiokasten 1947 ff., die sich ausdehnten und formten zu einem Netz von Außenweltbezügen in meinem Vorschul- und dann Erstklässler-Dorfkopf. Das Internet heute klärt auf: Das Vereinswappen von Ajax trägt tatsächlich den Kopf des griechischen Helden. Grasshoppers: auf Initiative des Engländers Tom E. Griffith 1886 gegründet. Hajduken: mystische Robin-Hood-artige Helden des 16. und 17. Jahrhunderts, die im dalmatinischen Landesinneren reiche Fremde überfielen und das Diebesgut an das Volk verteilten. Ursprünglich der Name für Söldner, die zur Zeit von Österreich-Ungarn gegen die Osmanen/Türken eingesetzt wurden.

Der Reiz all dieser Namen würzte das ohnehin schon Besondere der Nachrichtensituation. Nachrichten hieß: Mundhalten, absolute Ruhe im Raum. Wehe jemand quasselt dem Alten ein Wort aus dem Ohr. Das Sonntagabendessen war so eingerichtet, dass es vor den Nachrichten beendet war oder danach anfing. In jedem Fall war die Familie vollzählig anwesend, in jedem Fall durften die Nachrichten nicht gestört werden, weder durch Reden noch durch Essen. Das Vaterbedürfnis nach Weltanschluss forderte absolute Ruhe. Mit schönen Nebenwirkungen. In den nächsten fünfzehn Minuten würde es kein Geschrei geben, kein Gemecker, keinen Streit, keine Ohrfeigen, keine Arbeitsaufgaben und keine sonstigen Dramen. Man konnte entspannen. Nachrichten, das war ein bisschen wie Weihnachten, und am Sonntag, mit den Fußballnachrichten hintendran, ein besonderes, ein verlängertes kleines Weihnachten. Die schönsten Minuten der Woche, die schönsten gemeinsamen wenigstens. Nicht für die Führerrede (wie ich es später auf Nazi-Gemälden sah), sondern für die Fußballtöne hingen alle Ohren und Gesichter am Radio. Unterbrochen von leisen Ausrufen, wenn ein Ergebnis unerwartet ausgefallen war, ein Lieblingsverein verloren oder doch gewonnen hatte. Gleich gebremst von Pssst!-Ausbrüchen, um das Folgende nicht zu verpassen. Der Vater war an Fußball nicht besonders interessiert, aber die älteren Brüder zumindest an den Ergebnissen. So durfte der Kasten die paar Minuten immer weiterlaufen. Später spielte der Vater auch Fußball-Toto, ohne groß Ahnung, mit eher willkürlich verteilten Kreuzchen, also musste die Totoreihe abgewartet werden: Null, Eins oder Zwo.

Auch die Nachrichtenwörter spielten ihre Rolle. Man konnte ja nicht dasitzen und die Meldungen *nicht* hören. Natürlich ging Adenauer mit hinein ins Ohr, die Gespräche mit de Gaulle, die Weltlage in kurzen Umrissen. Was die Vertriebenenvertreter erklärt hatten. Und der Russe Böses plante, dieser Stalin, höchst gefährlich. Dann bald Korea, und China dahinter! Über dieses Geröll von Andeutungen, meist unverständlich, aber doch eindrücklich für das lauschende Kind-Hirn, bettete sich der Strom der Fußballergebnisse, höchst verständlich, mit Spannung erwartet und nun erlösend. Und natürlich mit Überraschungen durchsetzt.

Um die Ergebnisse einordnen zu können, musste man die Tabellen der Oberligen ungefähr im Kopf haben. Aus irgendeinem Grund interessierte mich Südwest weniger, wahrscheinlich weil da sowieso immer Kaiserslautern vorn war. Aber wie Pirmasens stand, einer meiner Lieblingsnamen, musste ich wissen. Zumindest ob sie oben mitspielten oder etwa in Abstiegsgefahr gerieten. Erkenschwick, Hamborn 07 – stiegen alle mal ab; ich litt mit, weil ihr Name aus der Fußballmärchenstunde verschwand, aus dem Sonntagabendwunder, aus der Familienradio-Andacht, wo die Welt sich anfühlte, als wäre allgemeiner Frieden.

Danach wurde abgeschaltet (und der Vater wieder an). An Dauerradio hätte niemand gedacht, Stromkosten. Auch wegen der Schularbeiten, die vier, fünf Kinder gleichzeitig in zwei Zimmern erledigten. Im Winter war es nur ein Zimmer, da nur eins geheizt werden konnte, Kohleknappheit. Andere Zimmer, auch später in größeren Wohnungen, waren zu kalt, um dort zu arbeiten, und auch Licht sollte dort nicht brennen. Stromkosten. Man konnte höchstens, unter einer Bettdecke vergraben, ein Gedicht auswendig lernen. Mit Taschenlampe. Warum das verboten war, weiß ich nicht.

Tabellen würfeln

Den Wechsel der wöchentlichen Tabellen hätte ich gern schriftlich vor Augen gehabt. Auch gern selbst geschrieben. Dazu hätte ich mir alle Ergebnisse aus den Nachrichten merken müssen. Das war zu schwer, selbst für mein anerkanntes Auswendiggehirn. Eine Tageszeitung hatten wir noch nicht, und wenn doch, war sie mir nicht zugänglich. Zeitungsaushängekästen gab es auf dem Dorf nicht. Ich musste mit den Tabellenbruchstücken im Kopf leben. Wenn ein Verein fünf Wochen nacheinander gewann, musste er ziemlich weit oben stehen. Wenn er nie gewann, ziemlich weit unten. Viel Raum für spekulative Tabellenfantasien. Erst mit Umzug in die Kreisstadt Husum, mit zehn Jahren, waren Aushängekästen verfügbar. Da hingen die Tabellen die ganze Woche, auch als Service für die Tototipper (es gab noch kein Zahlenlotto, und Fußballtoto war das Top-Tipp-Spiel). Die tabellenlose Zeit war also vorbei, aber die Woche war einfach zu lang, um den Bedarf des Fußballkopfs nach neuen Ergebnissen und neuem Tabellenbild zu stillen.

Aber es gab ja Würfel, mit äußerst passenden Zahlen für Fußballresultate. 6:1 als höchster Sieg, sehr Fußball-kompatibel. Null, wenn der Würfel vom Tisch rollte. Ich begann zu würfeln, meine eigenen Meisterschaften auszuspielen, wenn mir langweilig war, wenn es regnete, wenn man nicht selbst draußen bolzen konnte. HSV 3, Braunschweig 2, macht 3:2 für den HSV, okay. Aufschreiben, nächste Partie, nächster Wurf. Mit einer ganzen Liga ist das ziemlich aufwendig, geschweige mit vier Ligen. Man braucht nicht nur Zeit, man braucht Papiermengen, ein knappes Gut. Die Sache musste vereinfacht werden. Reduziert auf weniger Mannschaften. Die deutsche Meisterschaft, das war's!

Der deutsche Titel wurde damals turnierartig ausgespielt (ab 1951, sagen die Jahrbücher). Die Meister und die Zweiten der Oberligen waren für die Endrunde qualifiziert und wurden in zwei Gruppen eingeteilt. Die Gruppenersten trugen das Endspiel aus. Ich brauchte also nur acht Clubs und zwei Vierertabellen. Zwei Quadrate mit vier mal vier Karos für die Ergebnisse, und jeweils einer senkrechten und einer waagerechten Reihe für die Clubnamen, und es konnte losgewürfelt werden. Welche Clubs? Manchmal die, die tatsächlich ihre Ligen gewonnen hatten. Aber wenn deren Namen mir zu unscheinbar waren, ließ ich lieber die Großen spielen. Schalke 04, HSV, Nürnberg waren immer dabei, dann VfB Stuttgart, 1. FC Köln, Kaiserslautern, und abwechselnd dazu Hannover 96 oder St. Pauli oder auch mal Pirmasens und Kickers Offenbach, damals ebenso prominent wie die Frankfurter Eintracht.

Borussia Mönchengladbach und Bayern München gab es, aber sie betraten nicht jedes Jahr die ganz große Fußballbühne (für die, die diese Namen hier vermissen). Eher schon kamen

München 1860, Borussia Dortmund oder Rot-Weiß Essen in meine Würfelmeisterschaften. Mit den Berliner Vereinen konnte ich nichts anfangen. Sie hießen Tennis Borussia und Hertha, oder später, genauso seltsam, Tasmania 1900. Das waren doch keine *Fußballnamen*: Borussia, okay. Aber Tennis? Und Hertha – ein Frauenname. Den Namen mochte ich, eine Tante hieß so, aber nicht an einem Fußballclub. Und Tasmanien? War das nicht ein Land in Afrika oder bei Australien? Wie konnte ein Berliner Club so heißen? Die kamen jedenfalls nicht rein in meine Würfel-Endrunde zur DM. Heute denke ich, dass ich die Berliner Liga damals einfach verdrängt habe: zu dicht am Osten, zu heikel; da war doch »der Russe«; und alles was mit »dem Russen« zusammenhing war Explosivstoff. Berlin wegzulassen, war vermutlich meine Reaktion auf die allgegenwärtigen Beschwörungen der kommunistischen Bedrohung.

Diese Würfelmeisterschaften führten mich in schwere Gewissenskonflikte. Was war, wenn die Würfel wirklich Kickers Offenbach als Meister ergeben würden? Das konnte doch nicht sein. Wo blieben HSV und Schalke? Stuttgart, für das ich ein unerklärliches Faible entwickelt hatte. Gut, Stuttgart konnte Offenbach im Endspiel schlagen, das war noch in Ordnung. Aber wenn ich für Offenbach eine Sechs warf? Was dann? Da half nur eine Gegensechs, dann musste der VfB eben das Wiederholungsspiel gewinnen. Aber sicherer war es, den Offenbach-Wurf irgendwie für ungültig zu erklären. Hatte der Würfel nicht etwas schief gelegen, auf einer Papierkante? Brennt! Ja klar. Wiederholung! Und besser gleich so werfen, dass er zur Not wieder für ungültig erklärt werden kann. Oder in die Nähe der Tischkante, um dranzustoßen, wenn es eine Fünf zu werden droht, dass er runterfällt, und dann ist es eine Null. Gleich so werfen, dass er runterflöge, wäre unfair gewesen. Unfair sollte es nicht zugehen, aber mit

Haken und Ösen doch, so dass schließlich am besten der HSV durchs Meisteröhr schlüpfte ... dann war ich glücklich ... es konnte doch nicht sein, dass schon wieder der 1. FC Nürnberg ... die hatten doch schon genug Titel ... die sollten mal etwas bescheiden sein.

Dabei war ich allein! Konnte machen, was ich wollte. Schummeln wie ich lustig war. Aber das hätte keinen Spaß gemacht. Man ist eben nicht allein, mit einem Würfel als Ball, mit ein paar Vereinsnamen, Bleistift und Papier, mit zwei Tabellen und ein paar Zahlen, mit einem Gewissen und einem Gefühl für Fairplay. Überall hatte man gehört, dass es fair zugehen müsse im Leben, auch wenn Fairness in der Regel nur hieß, dass man jemand zu gehorchen hatte und froh sein konnte, dass man nicht den Arsch voll bekam. So sollte es bei mir nicht zugehen. Hier wird fair gespielt! Aber HSV muss Meister werden, oder wenigstens Schalke oder Stuttgart, sonst ist der Tag irgendwie verdorben. Das war ganz schön anstrengend. Gelangweilt habe ich mich keine Sekunde, keinen Tag. Und jede Woche hatte ich meinen neuen deutschen Meister. Haarscharf das Endspiel: Schalke – Kaiserslautern 4:3 in der Wiederholung, nach Unentschieden, 2:2, im ersten Spiel. Deutscher Meister der 3. Februarwoche 1952: Schalke 04. So in meinen Annalen. Die natürlich nirgendwo mehr existieren als in meinem Kopf. Ganze Rechenhefte voll mit gewürfelten deutschen Meisterschaften.

Gelangweilt habe ich mich auch später nie vor Tabellen oder Statistiken. Bei Ferienjobs im Kraftfahrtbundesamt Flensburg sah ich wochenlang nur Statistiken – wie viele Hanomag-Traktoren angemeldet waren im Landkreis Jever und wie viele im Landkreis Regensburg. Wie viele Borgward Isabella und wie viele DKW 3=6 in Niedersachsen herumfuhren und wie viele in Hessen, alles sehr interessant. Oder dass pro Kopf der Landbevölkerung mehr Mercedes-Karossen gemeldet waren als pro Kopf der Stadtbevölkerung – das mussten die reichen CDU-Bauern sein! Oder wenn, viel später, die politischen Wasserstände im Jahr 1970 sagten, dass nicht einmal fünf Prozent der westdeutschen Arbeiter marxistische Sympathien hegten. Wie sollte man dann den Prognosen aufgeladener Mitkicker von einer »proletarischen Revolution« glauben? Dann hätte auch Rot-Weiß Niebüll deutscher Meister werden und der FC Emmendingen den Europapokal holen können.

Die interessanteste statistische Wissenschaft heute heißt Demographie. Dort lese ich, dass im Zuge globaler rasanter Alphabetisierung die Anzahl der Kinder pro Frau auf der Welt, auch in islamischen Ländern, sich der Zahl zwei annähert, sensationell. Das verändert einschneidend die traditionellen Familienstrukturen zu Gunsten der Frauen. Dies ist die weitaus interessanteste »Tabelle« der letzten Jahrzehnte. Der größte Sieg.

Zwischenzeitlich waren auch mal die Renner der Formel 1 in meinen Würfelmeisterschaften dran. Als Juan Manuel Fangio und Karl Kling in Serie ihre Grand-Prix-Siege in ihren schicken Mercedes Silberpfeilen einfuhren, konnte auch das eingefleischteste Fußballherz ihrem Reiz nicht widerstehen. Ich malte mir ein Nürburgring-Modell auf Pappe, versah es mit Zahlen, baute die üblichen Handicaps ein, »Rücke drei Felder vor« oder »Zweimal aussetzen«, schnitzte die Autos aus Gips, malte sie an, Ferrari rot, Bugatti blau, Mercedes silbern, und rollte sie per Würfel los. Wehe Fangio gewann nicht, oder Karl Kling, dann mussten Reifenpannen her und Boxenstopps für die andern.

Dies waren die Spiele der Regentage. Oder der Tage, wo man niemand zum Spielen fand. Die Hauptrolle in der *Normalität* spielte natürlich der Ball selber. Sonst wäre die ganze Sache mit dem Papier und den Würfeln doch arg theoretisch und vielleicht sogar etwas krank gewesen, fußballpsychopathisch, Leben in einer Traumwelt, wie andere Kinder ihre Frühzeit mit einem fantasierten Zwilling verbringen. *Gesellschaft* hatte ich jedenfalls immer durch solche Spiele. Draußen aber die Gesellschaft des wirklichen Balles, bzw. der Idee Ball. Konkretisiert in einer passend zusammengestauchten Dose Libby's Kondensmilch oder was sonst bolzbar erschien. Nicht selten waren es zusammengeknüllte Papp- und Papierkugeln oder Stoffreste, um die ein dünnes Tau kreuzweise gewickelt war. Gefüllt mit Eicheln und Kastanien im Herbst, mit Korkstückchen, aber auch mit Kastanien einzeln oder mit Steinen, wenn gar nichts anderes zu finden war. Dann musste man eben hochspringen und durchlassen, wenn er in Schienbeinhöhe kam; oder eben die Blessur auf dem Knochen riskieren.

Woher der Ballwahn? Zunächst, weil es nichts anderes gab. Die Mädchen hatten ein paar Puppen oder ein Plunderbündel, das sich als Puppe ausgeben ließ. Damit spielten Jungs angeblich nicht. Was spielten Jungs? Die kloppten sich. Die lagen halbe Tage im Schwitzkasten mit einem Freund oder Gegner auf einer Dorfstraße und wälzten sich im Staub. Das war zwar spannend, aber irgendwann auch nicht mehr. Der Stärkere gewann meistens, und meistens war man der nicht. Zu Hause dann die Zusatzstrafen für kaputte Hosen. »Soll ich den ganzen Tag an der Maschine sitzen wegen eurer Prügeleien?« Gemeint war die Nähmaschine, unaufhörlich in Gang unter Händen und Füßen meiner Mutter in jenen Jahren der Klamottenlosigkeit – was gekaufte Kleidung angeht. Alles selber genäht.

Sonst konnte man noch Fangen spielen, Verstecken und Bäume klettern. Und Frösche fangen am Teich. Spielgeräte? Keine. Kein Fahrrad, keine Rollschuhe, keine Baukästen, kein Nichts. Außer ab und zu ein Ball. Solange er *heil* blieb. Eine Kostbarkeit. Ein Ball ersetzt eine ganze Spielwelt, er ersetzt sogar die andere Person. Wenn da zumindest eine Wand ist.

Eine glatte Wand war zu finden. Gegenschießen, Abprallen, Direktabnahme, Volley und mit Aufsetzer, einen bestimmten Punkt treffen, flach, halbhoch, und dann die Kopfbälle. Dicht vor der Wand, wie später auch mit dem Tischtennisschläger, Spiel gegen sich selbst. Vorgabe: dreißig. Wenn der Ball runterfällt, bevor man 30-mal geköpft hat, hat man verloren. Sieg für »die Wand«. Ich habe endlose Stunden gegen Wände geköpft. Und gezählt. Rekord für heute: 84. Die 100 zu erreichen, ein Fest. Meist mit Gummibällen, vor allem zum Köpfen ideal. Prallten schön, nicht zu hart, schöner Ton auf Kopf und Wand. Zwischendrin ein paar stramme Schüsse, zur Lockerung, oder Ball auf Knie tanzen lassen. Und wieder Köpfen, bis zur Halbschwindligkeit, Adrenalinergüsse. Und der Ärger, wenn der Ball bei 83 runterfiel. Neu anfangen. Bis man gerufen wurde, zu Hausaufgaben, zum Essen.

Zu Kopfbällen wurde gerne angemerkt, dass sie Gehirnzellen kosteten. Wie später vom Wichsen, dass es Rückenmark koste. Alles was Spaß machte, kostete. Blieb die Frage, warum unter denen, die keine Gehirnzellen riskierten, so viel ausgemachte Trottel waren.

Einschuss

Dann die Spiele eins gegen eins. Auf dem Dorf, mit den wenigen Gleichaltrigen, die häufigste Konstellation. Hatte man endlich wen gefunden, der Zeit und Lust hatte und der auch spielen konnte, waren Tore schnell gebaut, Sand aufgehäufelt, Steine gelegt, Stöcke gesteckt oder Schulranzen platziert. Und dann los: *Einschuss* hieß das Spiel. Nicht von Einschießen, sondern von der Zahl der erlaubten Ballberührungen. Betonung auf: eins. Einmal darf jeder Spieler, der Torwart und Feldspieler zugleich ist, den Ball berühren. Dann ist wieder der andere dran. Der Ball musste also direkt zurückgeschossen werden. Wenn man ihn nur abklatschte oder anders abwehrte, war gleich der andere wieder dran. Und durfte sofort schießen, ob man am Boden lag oder nicht.

Der Moment der Ballberührung war also ein und alles. In den Besitz des ruhenden Balls kam man nur am Anfang, durch Los (Stein, Schere, Papier) oder nach einem Tor, das man kassiert hatte. Dann bekam man den Ball für den ersten neuen Schuss. Immer von der eigenen Torlinie aus. Es kam also drauf an, mit dem ersten Schuss den Torwart drüben möglichst zu Boden zu zwingen; flach in eine Ecke also. Gefahr: man schoss daneben. Dann hatte er den Ball. Oder man schoss nicht scharf genug, dann konnte er gleich zurückballern.

Zusatzregel: gefangene Bälle dürfen aus der Luft, volley, zurückgeschossen werden. Also bloß nicht auf Mann schießen, dann fängt er ihn und donnert dir einen rein. Gute Spieler achteten darauf, immer möglichst schräg abzuklatschen oder abzuwehren, dann musste man selbst aus spitzem Winkel schießen, das heißt, das eigene Tor verlassen, und lief Gefahr, dass der Abpraller bei einem selbst reinging.

Abstand voneinander so zehn bis fünfzehn Meter, je nach Kraft und Alter, Tore nicht zu groß. Ein Wahnsinnsspiel. Zu empfehlen besonders für alle, die sowohl Feldspieler- wie Torhüterqualitäten entwickeln wollen. Rauslaufen in jeder Form erlaubt, also nach abgewehrtem Ball herauslaufen und den Schusswinkel verstellen. Man muss ein guter Deckungsspieler werden, ein guter Schütze und ein sauguter Keeper, um bei *Einschuss* eine Chance zu haben. Oberste Qualität: Reaktionsschnelligkeit, in den Füßen, in den Händen, im Kopf. Spielte man mit etwas älteren, kräftigeren Typen, kam man mit brennend feuerroten Händen nach Hause, mit schmerzenden Knöcheln, mit verschrammten Knien und ebensolchen Hüften. Aber großartig, wenn man 10:9 gewonnen hatte. Oder auch nur knapp verlor und der Größere anerkennend nickte. Beide natürlich mit Vereinsnamen versehen: »Ich bin HSV. Wer bist du?« – »Nee, HSV bin ich schon. Bin ich immer. Musst wer anders sein.« – »Bin ich eben Schalke.« – »Na dann man los, Schalke-Pflaume.«

Später, beim freien Kicken zu Uni-Zeiten, habe ich oft im Tor gespielt und war da besser, als ich je als Feldspieler war. Das kommt sicher aus diesen Einschuss-Tagen. Todesmutig in jeden Schuss sich werfen, der irgendwie erreichbar erscheint. Wenn immer möglich: Ball fangen. Sonst: so abwehren, dass er nicht dem Gegner vor die Füße fällt. Das A und O des Torwartseins, auf steinigen Dorfstraßen. Die Haut hatte immer gut zu tun, mit Abheilprozessen. Das nötige Reaktionstempo kommt von ganz alleine. Alle Kniffe des »wie reagiere ich so, dass sich die Lage für mich günstig darstellt« kommt aus diesem Spiel; meinem ersten körperlichen *Reality Check.*

Es gab auch noch das Spiel auf Wäscheplätzen oder zwischen Teppichstangen. Diese hatten richtige Pfosten und eine obere Querstange. Standen aber, wenn es zwei waren, in engen Höfen oder Gärten meist so dicht zusammen, dass

Schüsse von einem Tor aufs andere zu dicht gewesen wären, unhaltbar. Kopfball also. Der Ball wurde hoch geworfen und kräftig aufs andere Tor geköpft. Das ging fast nur mit Gummibällen. Und damit der Ball genügend Druck bekam, fast nur mit einer Seitwärtsbewegung des Kopfs. Immer mit dem Knochen knapp oberhalb der Schläfe auf den Ball. Einen Aufsetzer zu verwandeln galt als Meisterstück. »Köppen« nannten wir das. Das verschaffte eine sehr gute Kopfballbasis und starke Nackenmuskulatur. Ein Spiel für wenige Spezialisten allerdings. Die meisten mochten es nicht. Kriegten davon Kopfschmerzen.

Und es gab das Spiel mit den paar Groschen, die man in der Tasche hatte, zwischen und vor den Schulstunden, in all den kleinen Zeiträumen, die für einen richtigen Kick nicht reichten – dies fußballinspirierte Spiel ohne richtigen Namen, sehr populär in diesen Jahren: Eine Münze wird mit dem Finger auf der Tischplatte so zwischen den beiden andern Münzen durchgeschoben, dass ein jeweils neues »Tor« entsteht, durch das die am günstigsten liegende Münze wieder hindurchgezielt wird, bis man sich dem andern Ende der Tischplatte so weit genähert hat, dass man schießen kann. Tor ist, wenn die Münze an der Seite des Gegenspielers von der Platte fällt. Torwart gibt es keinen. Berührt man bei seiner Vorwärtsbewegung eine der anderen Münzen, kommt der andere Spieler dran und das Spiel geht in die Gegenrichtung. Lässt sich auch gut beim Spazierengehen mit dem Fuß mit Steinchen spielen. Auf geteerten Wegen in Weinbergen etwa. Dann immer in die Vorwärtsrichtung, abwechselnd.

Gummibälle

An Leder war ja nicht zu denken. Nur die Vereine besaßen Lederbälle. Der TSV Ostenfeld nicht einmal Fußbälle. Dort wurde Handball gespielt, meine älteren Brüder machten dort mit, ich sah manchmal zu. Im Norden hält man den Ball in der Luft, damit er nicht so oft im Matsch liegt. An einen Handball, der als Fußball fürs Straßenspiel hätte zweckentfremdet werden können, war aber nicht zu kommen. Zu bekommen war nur, ab und zu, ein schöner runder Gummiball. Es konnte sein, dass einer zum Geburtstag angeschwommen kam oder zu Weihnachten. Auf dem *Wunschzettel* stand er immer, und manchmal geschah es so. Herrlicher Gummiball – aber wie verletzlich! Ein simpler Rosendorn konnte sein Ende bedeuten. Ein unglücklich liegender Nagel, ein Fahrradschutzblech, die Ecke eines Spatens, die Stacheldrahtzäune um die überall weidenden Schaf- und Kuhgruppen sowieso.

Das Lebensglück eines frischen Gummiballs währte oft nicht mehr als ein paar Stunden. Sosehr man auch den lauernden Gefahren auszuweichen versuchte, es wurde meist nichts aus der Langlebigkeit prallender Gummiballgefühle. Da waren vor allem *überall* diese grauenvollen Eisenzäune, mit denen in den 50ern so gut wie jeder Garten, besonders in Husum, eingegittert war: Rohre, die etwa 1,50 m hoch aus dem Boden ragten, Durchmesser ca. acht Zentimeter, die obere Öffnung mit einem Hammerschlag plattgeschlagen oder so zusammengedrückt, dass zwei scharfe Ecken entstanden. Sie sollten das Überklettern der Zäune unmöglich machen, es sei denn zum Preis erheblicher Kratzer oder Schnittwunden. Überkletterer wurden in der Tat abgehalten, vor allem aber verendete jeder Gummiball, der anderen Drachenzähnen glücklich entkommen war, an einem solchen Eisenrohr.

Weiß der Geier, was die Nazis mit diesen Rohren vorgehabt hatten. Jedenfalls waren sie, alle hochverrostet, in solchen Mengen im norddeutschen Nachkrieg vorhanden, dass für jeden Garten, der nach Abgrenzung und Umzäunung schrie, genügend Rohr auf Halde lag. Irgendwann, nach einem Pressschlag, nach einem verunglückten oder abgefälschten Schuss, landete der Gummiball, bei aller angewandten Vorsicht, auf der Spitze eines solchen Plattrohrs. Der Ball trug seine gnadenlose Aufschlitzung davon – puff, blaff – merkwürdigerweise immer in Form eines Dreiecks – *Kugeloberflächen reißen wohl so!* – und verströmte seinen unverwechselbaren sauren Geruch; den typischen Geruch unsachgemäß geöffneter Gummi-Innereien; der gemeinste Geruch meiner Kindheit; die sauer-giftige Kunde vom Ende eines guten Spielgefährten.

Zu Hause zusätzlich mit Schelte oder gar Schlägen geahndet – besonders wenn der Ball nur wenige Stunden nach dem Schenkungsakt in sein schnelles Jenseits befördert worden war. So viel *demonstrative Unvorsicht* konnte nur Absicht sein! Als ob sie nicht begriffen, dass man höllisch unter der schlaffen Gummileiche litt.

Später, als sich Schwaden vom säuerlichen Geruch des Elternschlafzimmers hinzugesellten, die »geplatzten Bälle« der Schlafzimmer sozusagen, und sich mit den Säuren der Verbergungsgeschichte des Nazitums vermengten, verdichteten sich das rostige Eisenrohr und das Saure, das den Gummibällen entströmte, in meiner Geschichts-Nase zum ersten Inbegriff dessen, was die »unbewältigte Vergangenheit« in Deutschland genannt wurde. So genannt nicht von den Eltern, sie fanden, sie hätten nichts zu »bewältigen«. Sie hatten die Unversehrtheit von Bällen zu hüten, mit denen sie nicht spielten. Eine Sache, die gewaltig stank. Auch das Innere von Tennisbällen und Autoschläuchen, also kaputtgegangenen Schwimmringen, roch so. In der Formel vom *Muff unter den Talaren* fand sich das ganze Konglomerat versammelt im Jahr 1967. Zuerst war es mir aus harmlosem sterbenden Gummiball entgegengekommen, dem grausamsten der Kindheitsgerüche.

Grausam umso mehr, als auch beladen mit »eigener Schuld«. Denn der Ball war oft geraubt oder entwendet oder ungefragt ausgeliehen oder mit Mühe abgeschnackt, bevor er in den Besitz balltretender Jungsfüße geriet. Geraubt den Mädchen, also eigenen Schwestern, die merkwürdigerweise immer noch über einen Gummiball verfügten, wenn bei den Kick-Jungen weit und breit keiner mehr aufzutreiben war. Einfach, weil die Mädchen ihre Bälle nicht kaputtgemacht hatten. Sie spielten sie überwiegend mit Händen, warfen sie, fingen sie, tippten sie, ließen sie womöglich auf Fingerspitzen kreisen oder bargen sie an noch nicht vorhandenen Busen.

Merkwürdige anthropologische Differenz. Ich habe nie ein Mädchen einen Ball aus freien Stücken endlos gegen eine Wand köpfen sehen. Der Unterschied zwischen den Geschlechtern, vom Ball her gesehen, bestand zunächst darin, dass Mädchen Hände nahmen, wo die Jungs Füße benutzten. Zweitens darin, dass sie heile Bälle hatten und die Jungs nicht. Drittens darin, dass es meist gelang, ihnen mit einem faulen Versprechen ihren Ball abzuluchsen; vorzugsweise mit dem unhaltbaren, er würde ihnen bestimmt heil zurückgegeben. Mit einem geschenkten Bonbon obendrauf. Für den Verdacht, dass Frauen die netteren Menschen sind, gibt es eine Menge Gründe.

Schweinsblase

Oder das *Geheimnis* der hochberühmten, wundersamen Schweinsblase, Produkt des im Stall mitgefütterten gewöhnlichen Hausschweins: *mindestens* eins pro Jahr in den geld- und nahrungsknappen Nachkriegsjahren. Alle Kartoffelschalen, Kohlstrünke, Rübenblätter, all das Zeug, das heute die Öko-Tonne frisst, kam, vermischt und aufgekocht mit einem hinzugekauften undefinierbaren Schrot, in den Schweinetrog; ein stinkender Sud, in den sich die grunzenden Rundschnauzen schmatzend hineinstürzten. Erstaunlich friedlich dabei. Die Hühner im Hühnerhof stritten um jedes Korn. Die Schweine fraßen vergleichsweise solidarisch nebeneinander, den Mitfresser nur im *Tempo* der Fraßaufnahme überbietend.

Wenn das gefräßigste Tier Gewicht genug angesetzt hatte für den Metzger – norddeutsch Schlachter –, wurde dieser bestellt und richtete das Bolzen-Blutbad an. Ein immer wieder sensationierender Vorgang – mochte die fies gestreifte Arbeitsjacke des Fleischers und sein zugehöriges Messer- und Bolzengehabe noch so sehr signalisieren, dass *im Prinzip* Unrecht geschah. Aber wer schaffte es, auf Prinzipielles zu sehen, wenn ein Festtag bevorstand. Ein Sättigungsfest mit gekochtem Bauchfleisch, heißer Blut- und Leberwurst, gebratenem Schweinespeck und einigen Töpfen Schmalz – auf dessen Gipfel das Wunder einer Schweinsblase wartete; einer frischen Superschweinsblase, der Krönung aller Schlachttagswonnen.

Bis zum Moment des Tretens gegen die schweinerne Mordtrophäe war allerdings ein Leidensweg zu durchschreiten. Die Schweine spürten, wenn sie sterben sollten. Ab der letzten Fütterung am letzten Lebenstag schrie das ausgesuchte Opfer *wie am Spieß*. Vater Bruno muss anders gerochen haben, wenn er den Stall betrat. Nicht grunzend begrüßt, wie sonst. Das auserwählte Schwein schrie die ganze Nacht durch, herzzerreißend. Man schlief nicht. Voller Mitleid, und voll Erwartung des Schönen, das das Schwein spenden würde. Ein *ekliges – schönes Gefühl*, später lernte ich: Man nennt das *Ambivalenz.*

Am frühen Morgen dann, bevor der Schlachter kam, rückten die Großen der Familie, Vater und Brüder, mit einem kräftigen Seil in den Schweinestall. Das zappelnde Tier wurde zur Waage geschleift, der Wiegeplattform eines benachbarten Kohlenhändlers. Der Schlachter zahlte nach Kilo Lebendgewicht; das meiste Fleisch nahm er mit. Kühltruhen in Einzelhaushalten gab es nicht. Aber einige Wurst, zu räuchern im eigenen Schornsteinschlot, blieb im Haus. Darmstadt 98 klang schon viel weniger befremdlich angesichts der Tatsache, dass die in der Badewanne angerührte gewürzte Wurstmasse in gereinigten Schweinedärmen verschwand, um als Rauchwurst aus dem Kamin zurückzukehren. Und so viel Fleisch blieb da, wie man in den nächsten Tagen essen würde. Dies wurde vom Gelderlös abgezogen. Aber die Blase nicht. Die wurde nicht abgezogen und blieb in jedem Fall. Die wog nichts. Sie war nicht verwertbar, da unverzehrbar. Herauspräpariert, gesäubert, leicht getrocknet und aufgeblasen wurde sie den hungrigen Füßen und Köpfen der jugendlichen Spielwelt übergeben.

Fußballerisch ist die Schweinsblase Wunder und Handicap zugleich. Perfekt und untadelig, wenn sie in eine Lederhülle gesteckt werden kann, die ihr Form und Gewicht gibt. Ohne solche Hülle ist sie nicht rund, sondern oval und zu leicht. Sie hat einen Nippel am Ausgangsende, wo sie nach dem Aufblasen abgebunden wird. Wer sehr geschickt ist, schafft es mit einem winzigen Knoten. Und einem zweiten dazu, damit die Luft auch sicher drin bleibt. Diese Knoten härten aus beim vollständigen Austrocknen der Blase. Es tut weh am Fuß, wenn man die Schweinsblase grad an dieser Stelle trifft. Die Knotenstelle, relativ schwerer als die Restblase, sorgt zudem für ständiges Ungleichgewicht. Die Blase eiert beim Fliegen, taumelt und torkelt durch die Luft wie ein Luftballon. Sie *ist* ein Luftballon, nur stabiler und schwerer. Sie ist gerade schwer genug, ein paar Meter weit zu fliegen, wenn man kräftig gegen sie tritt und sie am günstigsten Punkt erwischt. Im Flug bremst sie sich selbst durch geringes Gewicht und eine taumelnde Flugbahn. Sie scheitert am Luftwiderstand und an der eigenen Ballistik. Sie ist also ganz und gar kein Fußball, sie ist gerade so viel Ahnung eines Fußballs, dass sie an seiner statt benutzt werden kann – und gerade darin liegt das Wunderbare. Die Schweinsblase ebnet die Unterschiede zwischen den Spielern ein. Niemand kann einen satten Schuss mit ihr abgeben. Niemand kann elegant drei Gegenspieler umspielen und dann auflegen oder abziehen. Ihre geringe Gravitation und die Unberechenbarkeit ihrer Flugkurven lassen es nicht zu. Sie bleibt hängen, sie landet wo sie will, beim Mit- oder beim Gegenspieler. Sie gehorcht dem Fuß- oder Kopfballspiel der Kleinen genauso gut oder genauso wenig wie dem der Großen. Es ist ihren Launen überlassen, wer *das Tor* schießt. Mit Schweinsblase passiert es, dass die stärkere Gruppe glatt verliert; dass Mädchen das Tor schießen – und bei Schweinsblase spielten sie auch mit, ohne Angst vor einem Körper voll blauer Flecken. Schweinsblase war ein anarchistisch-demokratisches Gerät; wenn auch nur durch gleichmachende Ungerechtigkeit.

Richtige Fußballcracks haben die Schweinsblase eher verachtet und manchmal mutwillig zerstört, wenn der erste Zauber des regellosen Herumspielens vorüber war. Aber die Schweinsblase war unverletzlich im Prinzip. *Weil sie schwebte.* Und immer eine *wiederkam*, denn viele Haushalte fütterten ihr *Jahresschwein*.

Völlig unschlagbar war sie beim *Fußball Solitaire*: Ob man sie zu sanften Kopfballübungen nutzte oder mit dem Fuß wieder und wieder hochstippte – sie kam nicht schnell und geradlinig zurück wie der Ball, sondern schlingernd und schwebend. Man hatte Zeit, sich zu der Stelle zu bewegen, wo sie die Erde zu berühren drohte, man bekam den Fuß noch unter sie und schickte sie erneut Richtung Himmel. Eine tanzende Ellipse im Luftraum. *Hier fällt nichts runter. Hier geht nichts kaputt.* Auch was auf dem Küchentisch steht. Schweinsblase hatte was von einem Gedicht, einem Lied. Von jenen gerundeten Gebilden, auf denen man gern entschwebt ins All. All ist Bestandteil des Wortes Ball.

Bei einem Literaturprofessor las ich später, Gedichte seien wie Pfirsiche. Man habe ihre samtene Haut zu schonen, sonst würden sie unansehnlich und faulen. Ich fand den Vergleich hinkend. Pfirsiche sind was für den Gaumen – auch wenn sie im Cézanne-Gemälde zu etwas werden, das man nur mit Augen berühren kann. Bälle und Schweinsblase haben für sich, dass sie sich nicht sperren gegen den praktischeren Kunstgebrauch. Ein Ball wird *schöner*, wenn man ihn richtig tri(ff)tt. Für eine Menge Gedichte gilt übrigens das Gleiche. Ein kräftiger Tritt gegen ihre Schale erweist ihre Flugfähigkeit.

Auch Schweinfurt 05 klang viel weniger komisch nach Schweinsblasen-Erfahrung. Dass die Schweine eine Blase haben, um ihre Pisse darin zu sammeln, kam mir nicht in den Sinn. Für mich war das ein rein zweckfreies Gerät; vom kunstliebenden Schwein gespendet, damit die kickende Kindheit mehr Freude bekam am schwebenden Leben. Hat voll geklappt.

Margarinealbum. Der Sieg von Bern

Heute steht in allen Büchern, der WM-Sieg der deutschen Kicker 1954 in Bern sei so etwas wie die Auslöschung der Kriegsniederlage gewesen … Deutschland wieder aufgenommen in den Kreis der anständigen Völker … die Nazi-Schande gelöscht. Mag sein, dass einige vergangenheitsbewältigende Reporter- und Funktionärsköpfe die Sache gleich so aufgefasst haben, also ihre Ausschlachtbarkeit erkannten – nutzenbringender Fußball! Sonst ist es eher eine nachträgliche Übertreibung.

Die *Kriegsgeneration*, jedenfalls wie ich sie um mich herum werkeln sah, feierte diesen Sieg nicht in solcher Weise. Sie war viel zu sehr mit ihren zwei Haupttätigkeiten beschäftigt. Die erste bestand in der absoluten Nichtbefassung mit der eigenen Verstricktheit ins Hitlertum; das fraß schon mal eine große Menge der Tagesenergie. Die zweite war die Befassung mit dem, was sie euphorisch den *Wiederaufbau* nannten. Für groß Fußballsinn blieb da nicht viel. Sie fügten diesen Sieg dem Schatz hinzu, den sie sich sowieso schon erworben hatten. Im Fach aller Fächer, dem übergreifenden Hauptfach Fleiß, waren sie längst im Besitz der allerverdientesten Bestnoten mit der Anstecknadel des »Wir sind wieder wer«. Weltmeister in deutschem Fleiß – ein bisschen wichtiger als Fußballsiege! – und sogar vor den so siegreichen Alliierten. Erst waren sie die Fleißigsten gewesen im Europa-Zerdeppern, dann die Fleißigsten im Ausblenden von Kriegsursachen und Kriegsfolgen, jetzt häuften sie fleißig Stein auf Stein und segelten voran mit bewimpelten Pirogen ins Wirtschaftswunderfleißland und hörten nicht auf, zu beteuern, wie (angeblich) schlecht es doch wirtschaftlich den *Engländern* ginge. König Fußball lief 1954 dem König Fleiß bei diesen Leuten nicht den

Rang ab. Das Wunder von Bern toppte ihr Wirtschafts-Wunder nicht.

Das tat es aber bei den Jungen, bei den Nachkriegsgören, widerstandslos und dauerhaft. Denn: Weltmeister sein *hieß etwas*, da brauchte es nicht den geringsten »politischen« Nebengedanken. Weltmeister im Fußball! In unserer eigensten genuinen Tätigkeit. Die Ungarn geschlagen! Wir Sandplatz-, Straßen- und Vordeichbolzer! So vorwitzig es klingt – ohne Fernseher!! –, wir hatten eine genaue Vorstellung davon, wer das war, *diese Ungarn*. Die wirklichen Weltbesten, das war keine Frage. Von einem tollen deutschen Team an einem glücklichen Tag geschlagen. Umso toller. Aber niemand hätte Max Morlock, Helmut Rahn oder Werner Liebrich im Ernst über Ferenc Puskás, Nándor Hidegkuti oder den großen Sándor Kocsis gestellt; höchstens vielleicht Toni Turek, den Torwart, und, ein wenig, den Fritz Walter mit seiner ungarnähnlichen Eleganz. *Ein* Ebenbürtiger wenigstens.

Woher wir das wussten? Von den Fußballbildchen und Texten aus den Margarinealben. War es Voß, war es Wagner, ich weiß es nicht mehr. Jedenfalls machten die Fußballbildchen, den im Laden gekauften Margarinepackungen umsonst mitgegeben, die Ärgernisse des Einkaufengeschicktwerdens nicht nur wett, sondern geradezu begehrt. Hätten meine älteren Brüder, 24, 23 und 19 Jahre alt im Jahr 1954, sich nur annähernd für Fußball interessiert wie ich, die Bilder von der Fußball-WM wären niemals bei mir Zwölfjährigem gelandet. No Chance. Taten sie aber. Ich durfte sie behalten, ins Album kleben und bekam, wenn ich zu sehr jammerte, sogar 50 Pfennig extra von meiner Mutter, wenn es zu lange dauerte, bis die laufende Margarineschachtel leergestrichen war, ich aber *Bildnachschub* brauchte. Vorteil der großen Familie! Viele Brote waren zu schmieren, Butter war zu teuer, das Leben ein Margarineparadies.

Dass wir, die aktuelle zwölfjährige Kickergeneration, in dieser Weise zu Nachfolgenutznießern eines der großen Propagandainstrumente der Nazis wurden, der Zigarettenbildchen in den Reemtsma-Alben, die die »Helden der Bewegung« porträtierten, wussten wir nicht. Diese Alben lagen in den Mottenkisten auf Dachböden und kamen erst ein Jahrzehnt später hervor, in all ihrer braungolden schwarzweißroten Naziherrlichkeit. Imposant, mit dem ganzen Fahnenkram! Unsere Bildchen, die Fußballbildchen, waren bescheiden, schwarzweiß. Aber nicht ärmlich. Die Fotos waren gut. Die Album-Macher waren Sachverständige. Die leichte Rückenlage, in der Fritz Walter beim Pässeschlagen abgebildet war, bestätigte die schwärmende Reporterrede im Radio zum Punkt Eleganz. Die geduckte Bulligkeit Ottmar Walters, oder die Art, wie der Eckel, ein Windhund, über den Platz hetzte. Die Schlitzohrigkeit des Max Morlock, die Turmhöhe des blonden Werner Liebrich, die Haken schlagenden Beine des Linksaußen Hans Schäfer, alles war genau zu sehen auf diesen Bildern; nicht anders mit den Ungarn. Kleinodien in Bewegungsstudien. Ein Puskás-Bild aus dem 8:3 über Deutschland, Rarität! Konnte man gut zwei bis drei deutsche oder österreichische Spieler gegen tauschen. Und sie waren alle drin im Album, die ganze WM 1954, mit allen Spielern aller beteiligten Länder, und irgendwann hatte ich es voll. Welch ein Triumph! Eine ganze Weltmeisterschaft mit allen Tabellen, Vorrunde, Zwischenrunde, mit allen Ergebnissen und Aufstellungen, Helden-Fotobuch, Statistikbuch und Hitliste in einem. Bloß, Hitliste kannte ich 1954 noch nicht, bis dahin waren es noch genau zwei Jahre.

Weltsystem Fußball & kickende Lateinlehrer

Das System Fußball, in meinem Kopf herangewachsen seit ich fünf, sechs Jahre alt war, hatte sich zu einem Weltsystem Fußball gemausert. Und lag nun vor mir auf dem Tisch, schwarz auf weiß materialisiert in Form eines Bild-Buchs mit Texten und Tabellen. Als hätte man selbst daran mitgeschrieben. Viel Sammlerenergie, Spannung der Bilderjagd, des Tauschens, Einklebens und Bewunderns hing in der Tat in diesen Seiten.

Das erste wissenschaftliche Werk, das ich in Händen gehalten hatte, war ein Pflanzenbestimmungsbuch auf Schulexkursionen. Mit Hilfe dieses Ableitungslexikons sollten wir das am Wegrand wachsende Kraut und Unkraut klassifizieren. Ein imposantes Fachbuch mit tollen Abbildungen, eine Anleitung zum detektivischen Denken, Spurensuche im wahrsten Wortsinn. Zu welcher Pflanzenklasse gehört der Spitzwegerich? Wie verhalten sich die Fasern, wenn man den Stängel einreißt? Welche Säfte treten hervor? Zuordnen oder verwerfen und den Verweispfeilen folgen, bis man in der richtigen Spalte angelangt war.

Und nun dieses WM-Album, nicht nur Spuren- und Spielbestimmung, Fußballwissenschaft von A bis Z, sondern auch Belletristik, schöne Literatur. Jeden Spielbericht habe ich so oft gelesen, bis ich ihn drei viertel auswendig kannte. Auswendigkönnen war sowieso eine meiner Spezialitäten, hier hatte sie ihre unschulischen, ihre ganz eigenen Felder. Das erste Alternativbuch zum offiziell Gebotenen, sozusagen. Was für andere die verpönten Comicheftchen waren. Die natürlich schnell zum Fundus stießen. Alle lasen mit einem Mal diese schmalen Heftchen im Querformat, Preis 20 Pfennig. Wo alle Leute so Brutalgesichter haben, fanden die Lehrer, die sich das auf dem Schulhof zeigen ließen. Auch dies Sammlerobjekte. Aber Fulgor, Akim und Sigurd, *alle Folgen*, musste ich nicht haben. Leihverkehr reichte.

Mit Comic biss man bei den Lehrern auf Granit. Mit Fußball nicht unbedingt. Es gab echte Fans, zumindest *einen* echten Fan. Ein junger Lateinlehrer tauchte auf aus dem Nichts, Studienreferendar, ein langer, hagerer Mensch namens Willke, wenn ich mich nicht täusche. Ein anderes Kaliber als die Weltkriegsalten mit Weltkriegslöchern in Kopf und Hals, Durchschussüberlebende oder malariakrank. Mein erster Deutschlehrer war einarmig. Hieß Schön, aber nicht Helmut. Willke fragte, als er uns Blechdosen bolzen sah, ob wir auch nachmittags wo spielen würden. Ob er mal kommen dürfe. Was, ein Lehrer?? Gab's ja wohl nicht. Kam, spielte gut und wusste alles: wie der rechte Läufer von Eintracht Braunschweig hieß, der linke Verteidiger von Hannover 96. Dinge, die weder in der Zeitung standen noch im Radio kamen. Woher wusste der das? Das Zeitunglesen hatte ich mir inzwischen angewöhnt: bei dem einzigen Teil, wo ich verstand, worum es ging, Fußball. »Du spielst ja wie der Soundso von St. Pauli«, sagte Willke. Unglaublich. Dass es eine Fachpresse für Fußball gab – hatten wir keine Ahnung von.

Willke hatte auch Zugang zu einem Feld mit richtigen Pfosten. Auf richtige Torpfosten zu spielen – das war schon fast die Erhebung in den Ligafußball. Willke legte ein Dribbling hin – seine Gruppe lag 3:4 hinten – und knallte aufs Tor. Der Ball ging haarscharf am linken Pfosten vorbei. Wow, Glück gehabt. Aber nein, Willke riss die Arme hoch und jubelte. Er wollte den Ball drin gesehen haben und ein Teil seiner Mannschaft mit. 4:4! »Nein, der war aus!« – »Genau gesehen!« Stein und Bein schwor der ganze Pulk, gebildet um den linken Pfosten. Da hatte man schon mal ein richtiges Tor, aber eben keine Netze! *Ich* hatte genau gesehen: Aus! Doch Willke blieb hart.

So einen tollen Schuss, auch noch mit links, hätte er sein Leben lang nicht abgegeben.

Er wollte dieses Tor haben. Er war genauso verrückt wie wir, wenn wir uns stritten. Ein Lehrer, und auch noch Latein! Der morgen wieder eine Dativform wissen wollte. Und stritt sich mit uns um ein Tor. Das brachte mir einige schlaflose Nächte. Wie konnte das sein? Nach und nach begriff ich: Dessen Herz hing am geschossenen oder nicht geschossenen Tor genauso wie unseres. Was für eine Belehrung. War das überhaupt ein Lehrer? Ja, aber auf dem Fußballplatz war er ein Gleicher. Auf dem Fußballplatz waren alle irgendwie Gleiche? Nein, so weit ging das mit der Freundschaft nicht. Die Guten waren die Stars, und die Schlechten wurden irgendwie zugeteilt, schließlich musste man Mannschaften voll kriegen. »Du stellst dich hinten rein. Du störst den Dagge, wenn er mit dem Ball ankommt. Was anderes brauchst du nicht zu tun.« Ja, eine klare Klassengesellschaft – aber Star konnte im Prinzip jeder sein, auch die in anderen Bereichen Schlechten. Die, die in Latein nichts konnten.

Relegation

Auch ein Lehrermensch wie Willke konnte nicht verhindern, dass die besten Fußballer in der Klasse nach spätestens dem zweiten Jahr Latein vom Gymnasium runter waren. Überwiegend Jungs »aus den Baracken«. Die konnten das nicht lernen, die Deklinationen nicht behalten. Englisch war schon schlimm genug, aber hatte wenigstens noch ein paar Ähnlichkeiten mit Platt. Aber Latein, dieser Quatsch aus dem alten Rom, wie sie bei denen zu Hause sagten, den kein Mensch braucht, außer wenn er vielleicht Arzt werden will. Aber wer von uns will schon Arzt werden? Daran hätten sie nicht im Traum gedacht. Eher überredet von Grundschullehrern – »der Junge ist doch begabt; der gehört aufs Gymnasium« – hatten sie ihre Kinder da hingeschickt. Vielleicht würde es ja reichen zur Mittleren Reife oder gar Abi; und nun: alle *wirklich guten* Fußballer, die echten Superspieler, scheiterten an der Lateinschranke nach Klasse 7 oder 8. Wie ungerecht!

Der Beste von ihnen, Dagge, war außerdem ein phantastischer Zeichner. Wie der Billy Jenkins von den Westernheftchen auf Gaul samt Lasso an die Tafel zaubern konnte, sagenhaft. Der musste gehen, ich habe geheult. Aber: humanistisches Gymnasium. Latein *musste*. Da war keine Wahl. Wie tausendmal ungerecht! Chauvinistisch und konkurrenzgeil, wie man war und von der Schule und den Eltern aus auch sein sollte als zwölfjähriger Gymnasiast, wäre mir das gar nicht weiter aufgefallen. Jedes Jahr blieben ein paar sitzen und verschwanden in einer anderen Klasse, oder gingen ab. Für die Lehrer war das eine Art Schulsport. In der Sexta waren wir sechsunddreißig; davon war nach drei Jahren noch die Hälfte übrig. Der Rest war weg, abgesägt. Die hatten hier auch nichts zu suchen, hörte man von den Lehrern. »Und ihr da seid auch dran, wenn ihr so weitermacht.« Aber *alle wirklich guten Fußballer.* Eine Riesensauerei. Die Lehrer bildeten einen in Sachen aus, von denen sie nicht wussten, dass sie es taten – Soziologieunterricht (nicht mal das Wort hätten sie gekannt): die genialen Barackenkicker gehören hier nicht hin. Danke.

Und noch ein Unterricht: Dagges großer Bruder spielte »richtig« Fußball, bei Frisia Husum. Die waren gerade dabei, das eingesessene Husum 18, den Honoratiorenclub, in der Tabelle abzuhängen. Wie toll die spielten! Nicht zuletzt dank Dagge, einem *begnadeten* Mittelfeldmann; ein Spielertyp, wie ich ihn später in Overath wieder sah. Die Frage lief um:

Wie lange spielt der hier noch. Der ist doch eigentlich viel zu gut für Frisia, der ist doch reif für die Oberliga. War er auch. Aber es gab Gerede … die Kondition … der Trainingsfleiß … und säuft auch zu viel … ob der das durchhält, wenn der ein Jahr lang laufen soll. – Ich glaube, er blieb bei Frisia und erfreute die Provinzgemüter.

Das fiel mir auch später auf. Es ist nicht an erster Stelle die rein *fußballerische* Qualität, in der Amateure und Profis, Kreisliga-A- und Bundesligaspieler sich fundamental unterscheiden. Gute Freizeit- oder Amateurkicker wirbeln in einer Sternstunde auch ganz ansehnlich über ihren Hartplatz. Nur, sie tun dies nur für einen Tag, und vielleicht noch einen anderen. Sie sind nicht durchtrainiert. Sie sind also langsamer. Alle um sie herum sind ein Stück langsamer. Sie legen Pausen ein, wenn sie nicht mehr können. Und rauchen nach dem Spiel eine Packung leer. Ihre fußballerischen Potenziale können erstaunlich aufblitzen, aber ihre körperlichen reichen nicht weit. Unter den Profis wären sie nach einer Woche verletzt.

Die Hauptqualität der Profis liegt darin, dass sie das, was sie können, eine ganze Saison lang können und jeden Samstag oder Sonntag abrufen können, und das über Jahre. Ein Jahrzehnt oder mehr erfolgreich an der physischen Höchstgrenze gegen stärkste Gegner zu spielen, damit kann sich kein Amateur vergleichen. Aber in der Spielanlage wie im einzelnen Torschuss kann der unterklassige oder vereinsmäßig unorganisierte Spieler auch gut sein. In der Spielanalyse sind Freizeitfußballer manchen Profis lange Zeit vielleicht sogar überlegen gewesen. Ich habe jedenfalls auf allen Sorten Bolzplätzen in den vierzig Jahren zwischen fünf und fünfundvierzig, die ich selbst gekickt habe (dann war Schluss wegen meiner Arthroseknie), jede Menge richtig guten Fußball gesehen.

Ein demokratisches Spiel? Sobald ein Trainer und ein Schiedsrichter da sind, nur noch bedingt. Aber der Wildfußball hat was davon. Die Wahrnehmung »Andere sind auch gut« ist hier leichter zu machen als auf anderen Gebieten, sinnfälliger. Und auch neidloser hinzunehmen. »Du bist nicht der Einzige hier.« Das ist immer gut. Und: »Alleine schafft man's nicht.« Spieler, die sich in ihren außerfußballerischen Verhältnissen eher als »Einzige« empfinden, als hervorragende Intellektuelle etwa, verletzen sich leicht und schnell, wenn es ihrem Körper dämmert, dass sie auf dem Fußballplatz nicht entsprechend behandelt bzw. *gewürdigt* werden. Sie brauchen nur dreimal gegen den Ball zu treten, dann humpeln sie schon; zehn Minuten später sind sie vom Platz mit umgeknicktem Knöchel. Umgeknickt aus prinzipiellem Beleidigtsein. Fußball also kontraindiziert.

Lateinlehrer Willke und die Husumer verlor ich 1956 durch Umzug nach Glückstadt aus den Augen. Das war nur 50 km von Hamburg, Einzugsgebiet des HSV. Die Rock-'n'-Roll-Zeit hatte begonnen. Das letzte neue Stück im Radio, das noch »Husum« war, war Elvis, *All Shook Up*. Den Umzug nach Glückstadt, *All Shook Up* – fühle ich noch heute so. Ein Jahr später zu Besuch bei Husumfreunden hörte ich, das Leben sei langweiliger geworden, es gäbe viel weniger Fußball ohne mich. Ich war eine Art Motor zum Zusammentrommeln von Leuten gewesen. War mir nicht bewusst. Schön, man vermisste mich, wenigstens als Straßenkicker.

Fahrschüler und Bleyle-Ball

Glückstadt, 1956-59. Die frühen Rock-'n'-Roll- und Skiffel-Jahre. Ich lernte auf einer kaum bespielbaren Laute Lonnie Donegan, *Puttin' On The Style*, mein Lieblingssong. Und

Elvis, *Don't Be Cruel.* Die Jahre andauernden häuslichen Ärgers: Ärger wegen Musik, wegen Kleidung, wegen Haarschnitt, wegen des Verfalls der Manieren, wegen Politik, wegen falscher Freunde, wegen ... wegen ... wegen allem. Fünf Minuten mit meinem Vater am selben Tisch und es kam zur Explosion. Um nicht alle Energien sinnlos zu verpuffen, galt es, Berührungen mit ihm zu vermeiden. Die unvermeidlichste Berührung bestand im täglichen Mittagessen. Wer dort nicht erschien, den traf der Fluch Gottes. Außer man hatte einen Grund. Ein solcher konnte nur »schulischer Art« sein. Nur die schulische Autorität stand über der göttlichen; alles, was mit Fortkommen, Auskommen, Hochkommen, Abitur, Beruf und Altersvorsorge zu tun hatte.

Es war also ein Stundenplan zu erfinden, der ein Minimum an Tagesberührungen garantierte. Einfach erfinden hätte aber nicht gereicht, es wäre herausgekommen. Es brauchte Evidenzen. Die Gruppe der Fahrschüler lieferte sie. Fahrschüler mussten oft ein, zwei Stunden in der Schule warten, bis ihr passender Bus oder Zug in die umliegenden Dörfer abfuhr. Ich, selber kein Fahrschüler, schloss mich ihnen an. Die Wartezeit wurde überbrückt oder besser: genutzt für Fußball. Manchmal ließen sie auch einen Zug aus und nahmen den nächsten – für Fußball.

Fußball einer besonderen Art – denn den Schulhof außerhalb der Sportstunden zu bespielen war verboten. Es galten überhaupt strenge Vorschriften für Fahrschüler. Die Schule hatte eine *Aufsichtspflicht*, aber keinen extra ausgewiesenen Fahrschülerraum (was auch nur zu Mord und Totschlag geführt hätte). Die Fahrschüler mussten in ihren Klassenräumen bleiben bis ihr Heimgefährt kurz vor der Abfahrt stand. Der Fußball musste also drinnen stattfinden. Das ging mittels zweier Spezialgeräte. Mit einem größeren Ball im Klassenzimmer zu spielen, verbot sich auf Grund der langen Fluchten von Fensterscheiben. Ausgeschlossen, sie *nicht* einzudeppern, wenn man hier bolzte. Es mussten also kleine Bälle her und kleine Tore. Tennisbälle wären schon zu groß und zu schwer gewesen fürs Fensterglas. Aber es gab diese Bleyle-Bälle. Bleyle war eine Kleiderfirma, sehr populär, Kinder- und Sportbekleidung, »Latex«. So wie Salamander seinen Lurchi, pflegte Bleyle seinen kleinen Ball als Werbeclou. Einen kleinen Gummiball, nicht einfach mit Luft gefüllt, sondern mit einer Art Schaumstoff; dadurch ein bisschen schwerer, mit guten Aufpralleigenschaften und faktisch unzerstörbar. Sie gingen nur dauernd *verloren*, diese Kostbarkeiten.

In jedem der Glückstädter Klassenzimmer fand sich dazu das genau passende Tor. Ein Papierkorb aus Holz, quadratisch, konisch von unten nach oben zulaufend, die Öffnung ca. 50 x 50 cm groß. Das Papier herausgenommen und den Papierkorb gekippt auf den Boden gelegt, ergab ein wunderbares Tor. Der dort hineingeballerte Ball war zweifelsfrei drin. Die Unterkante war »Pfosten«. Streit um Tor oder nicht Tor gab es nicht bei diesem Gerät. Gespielt wurde meist einer gegen einen, aus Platzgründen, aber es ging auch zwei gegen zwei (spannender), immer nach Uhrzeit, Spieldauer zweimal fünf Minuten. Mit allem Drum und Dran, mit Vereinsnamen, mit Tabellen, mit ausgespielten Meisterschaften, fortgesetzt am jeweils nächsten Tag.

Dies kleine Spiel war ziemlich anspruchsvoll. Man konnte scharf schießen mit dem Ball, wenn man sich erst einmal an seine Größe bzw. Kleinheit gewöhnt hatte, man konnte dribbeln, stoppen – Sohle auf den Ball –, ihn hin- und herziehen; man konnte gut durch die Beine des Gegners schießen, weil der Ball so klein war. Es gab kein Tor-Aus. Die Wand hinter dem Tor diente als Bande. Gewinnen tat man diese Spiele durch gerdmüllerartige Fähigkeiten; durch blitzschnelles Erkennen der Situation bei abprallenden Bällen, schnelles

Schießen aus jeder Lage und große Treffsicherheit beim Schnellschuss. Dieses Spiel habe ich sehr gerne gemocht, wahrscheinlich auch, weil es meiner geringen Körpergröße entgegenkam. Meine heutigen 1,81 m wuchsen mir erst nach dem 16. Lebensjahr zu; beim »späten Schnellwuchs«, den Ärzte dann gern für meine Knieverletzungen verantwortlich machten.

Rechtzeitig zur Abfahrt der Züge ging es in Pulks zum Bahnhof. Und wie wunderbar: Auf dem Gehweg begegneten wir meinem Vater, er auf dem *Rückweg* zu seinem »Dienst«. Das passte bestens. Als Teil dieses Pulks, lauter Schüler mit Schultaschen, hatte ich das perfekte Alibi fürs Fernbleiben vom Mittagessen. Als sei die Schule grad erst aus, absolut unverdächtig. An immer derselben Stelle grüßten wir freundlich meinen Alten, er zog seinen Hut, erfreut über so viel Höflichkeit. Zu Hause stand mein warm gehaltenes Mittagessen; meine Mutter, selber froh, dem täglichen Suppengebrüll nicht ausgesetzt zu sein, wusste Bescheid. Bescheid zumindest, was meine freiwillige Schulverlängerung betraf. Dass diese allein aus Fußball bestand, ist ihr nicht so klar gewesen. Sie glaubte, wir arbeiten dort schon Hausarbeiten vor. Die ich zu Hause dann auch nicht machte und prompt sitzen blieb.

Nicht auszudenken, wie das Leben ohne Hilfe des wundersamen kleinen Bleyle-Balls und der Herde der Fahrschüler verlaufen wäre – ein ziemlich aufmüpfiger Haufen insgesamt, schulbekannt besonders für schwer nachweisbares Schwänzen bei angeblichem »Zugverpassen«. Diese Leute waren alle einen Tick frecher als der Rest, und ungeheuer ansteckend. Es war ein schönes Leben im Bleyle-Ball-Fahrschüler-Asyl. Als tatsächlich *politisches Asyl* ist es mir erst viel später aufgegangen. Die häuslichen Mittagskräche waren alles andere als ungefährlich. Und ich genau an dem Punkt, den Mund nicht mehr zu halten bei den Reden des Alten, dass doch alles ganz in Ordnung war mit Hitler, außer dass »ein paar Juden zu viel« umgebracht worden seien. »Das war nicht nötig gewesen.« Todesangst bei seinen cholerischen Gewaltausbrüchen war kein unbekannter Gast im Haus. Es dauerte, bis ich 18 wurde und körperlich kräftig genug, ihm klar werden zu lassen, dass er besser seine Finger von mir ließ. Bis dahin waren es noch drei Jahre. Ihr Ende entspannte sich schließlich dadurch, dass er, noch einmal beförderungswillig, sich in eine andere Stadt versetzen ließ, nach Flensburg; die Familie folgte erst ein Jahr später nach. Er kam nur am Wochenende nach Hause. Da herrschte verordneter Friede.

In den Ferien, fahrschülerlos, konnte man weiter und länger weg vom Haus, auf die Vordeichwiesen an der Elbe, Gras, barfuß, the whole day long, Mittagessen gestrichen. *Ganze Tage auf den Wiesen*. Mit Ball am Fuß. Der Drohung klirrender Fensterscheiben entronnen. Ein ordentlicher Hammer ins obere fiktive Tordreieck: machbar. Zwischendurch ins Wasser. Glückstadt hatte einen kleinen Sandstrand am Elbufer, mit künstlicher Brandung, verursacht durch die Ozeanriesen, die von und nach Hamburg dampften. Schiffe wie die *Queen Mary*, der Welt »größte«. Sie warfen uns Schlauchbootfahrer genauso um, wie man es später in Fellinis *Amarcord* im Kino sah. *Beinah* ertrunken durch unwiderstehlich Überseeisches.

Dann wieder Ball am Fuß und Deichgras unter den Füßen, fast brasilianisch und ebenso glücklich, Torpfosten aus angehäuften Reethügeln. Wenn die Frühsommersonne das angeschwemmte Reet zur Brennbarkeit getrocknet hatte, steckten wir es an. Torwart zwischen brennenden Torpfosten. Nicht ganz risikolos, aber was für ein Gefühl, den Ball zwischen brennenden Pfosten durchzujagen, was für Tore! Und was für Streitfälle. War der nun schon »Pfosten«, oder war der noch drin. Wo war die Flammengrenze, wo leckte noch Glück, wo kokelte schon Pech. Man wusste nach Wochen noch genau, wer *an dem und dem Tag* in welcher Mannschaft war und wer nicht dabei war, und wer überhaupt immer die tollsten Spiele versäumte, und auf wen überhaupt kein Verlass war, wer also immer dafür sorgte, dass man dumm herumstand und wartete und dann drei gegen drei spielen musste, mit »fliegendem Torwart«, letzter Mann macht Hand. Oder zwei gegen zwei, oder nur noch zu dritt war nach der Mittagspause. Wie später beim Flugblattverteilen morgens um sechs vor Fabriktoren. (»War ja mal wieder klar, dass der/die nicht kommen würde!« So gewinnt man keine Revolution.)

Ballverwandlung

In all diesen Jahren waren es immer noch überwiegend Gummibälle, die der Straßenfußballmeute zum Alltagsglück verhalfen. Gummibälle, die sich gemausert hatten allerdings. Schlaue Gummifabrikanten waren auf die Idee gekommen, Design und Größe des Lederballs zu imitieren. Die Nähte des Lederballs waren als *Rillen* in das Gummi geprägt; der Ball war relativ dickwandig und schwer, ein bisschen wie Basketbälle. Aber hier kam Abhilfe. Der Gesamtneubau der Welt in Plastik stand kurz bevor. Wie mit einem Zauberschlag war die Welt um 1960 herum überschwemmt mit Körben voller Plastikbälle in Kaufhäusern und an Tankstellen. Wunderbar leichte, aber doch formstabile Gebilde, auf die das Design des Lederballs aufgedruckt war. Für ihr leichtes Gewicht waren sie sensationell flugstabil; flatterten natürlich bei Scharfschüssen, aber das war auch nicht unwitzig. Genaues Kurzpassspiel absolut möglich, der Idealball für Rasenflächen in Schwimmbädern, für kickende Kinder sowieso. *Eine Idealkreuzung aus*

Schweinsblase und Lederball. Hielt zwar auch nicht ewig und ließ oft Luft (Pfuschexemplare), war dafür aber billig, und wo immer sich Leute zum Spielen trafen, gab es mehrere Exemplare. In das allgemeine Gemecker auf die »Plastikwelt« habe ich schon des Plastikballs wegen nicht eingestimmt. Er führte zu einem rapiden Anstieg vor allem der technischen Fertigkeiten. Mit Plastikbällen kam man erstmals auf Zirkusreife in der Ballbehandlung. Balltanz. Jonglieren wie Rastelli.

Fußball in Leder gab es zunehmend auch; meist im Besitz von Arztsöhnen. Einer meiner besten Freunde im Glückstädter Fußballuniversum, Volker Plath, Zahnarztsohn und Fahrschüler, hatte einen. Bei ihm in Krempe gab es einen großen zugänglichen Hartplatz mit richtigen Toren, die Verwirklichung eines ewigen Traums eigentlich; aber – wie es mit der Traumverwirklichung so geht – sie verlief völlig unbefriedigend. Der Ball, der Platz, das Tor waren eine einzige Enttäuschung – weil nie die richtigen Spieler dort waren. Die da immer spielten, waren etwas älter, größer, kräftiger und auch ruppiger als man selber, und vor allem: Sie kannten sich untereinander.

Gruppen, die sich kennen, sind beim Fußball (meist) eine Pest; beim *freien* Fußball wenigstens. Man bekommt nie einen Ball als Unbekannter, als »Fremder« im Dorf, als »Neuer« in einer Klasse. Das ganze Repertoire dessen, was man in politischen Begriffen »Fremdenfeindlichkeit« nennt, läuft ab. Eingesessene, oder auch Eingespielte, tendieren dazu, frisch Hinzukommende erst mal zu ignorieren. Außer vielleicht, man ist überragend gut und es wird bemerkt: eine Green Card für IT-Inder also. Es half nicht einmal, dass ein Eingesessener, wie Plath, mich mitgebracht und eingeführt hatte.

Volker Plath hatte aber ein schönes Zimmer im Haus und einen Plattenspieler und einen etwas älteren Bruder mit guten

Platten und auch selber ein paar. Lauter Kostbarkeiten, die 45er-Singles vom London-, Brunswick- und RCA-Label. *Red Sails In The Sunset*, oder diese absolut wahnsinnige *Sambesi*-Version einer Louis-Armstrong-Band, auf der ein irres Altsaxophon zu Dschungelrhythmen zu hören ist: eine der ersten Verheißungen *Afrikas* im aufgehenden Jazz- und Rock-Ohr. Für Armstrong ganz ungewöhnlich.

Vor dem Background solcher Sounds gab es 1957 einen rasanten Einschnitt in der Wahrnehmung und Diskussion von Tabellarischem. War es bis dahin eine Gruppe mehr oder minder ballabhängiger Halbmönche gewesen, die verschworene Loge der Fußballverrückten, die auf dem Schulhof montags triumphierend oder niedergeschlagen anhand der Sonntagsresultate, 2:1! oder 0:5!, ihre Seelenlage verhandelte, so waren es mit einem Mal fast *alle*, die »die Sonntagsergebnisse« diskutierten; die Mädchen eingeschlossen. Sie diskutierten den Tabellenplatz, den ihr *Lieblingsstück* in den Britischen *Top Ten* eingenommen hatte am Sonntagabend um 20 Uhr in der *Hitparade* von BFN, das heißt *British Forces Network* und war der Soldatensender der britischen Besatzungstruppen. Dieser hatte am Sonntagabend, zur absoluten *Prime Time*, die damals noch niemand so nannte, in der Tat nichts Besseres zu tun, als eine halbe Stunde lang Buddy Holly, Guy Mitchell, Tennessee Ernie Ford, Peggy Lee, Nat King Cole, Johnny Ray, Connie Francis, Petula Clark, Debbie Reynolds, Elvis Presley, Harry Belafonte, Doris Day, Chuck Berry, Little Richard, Fats Domino, The Platters, Danny and the Juniors oder Jerry Lee Lewis über den Sender zu jagen, und zwar in genau der Reihenfolge, die die Plattenläden, die Jukebox-Bestücker und Musikmagazinmacher ihnen als die Renner der letzten Woche an der Britischen Rock-'n'-Roll-Front gemeldet hatten. Das unerwartete Fallen und Steigen bestimmter Stücke in diesen *Charts* löste ein Seelenbeben in den Teenagerbrüsten aus, gegen das die fußballerischen Leiden und Wonnen der vorangegangenen Jahre sich zugegebenermaßen mickrig ausnahmen. Die Leute *explodierten* vor Wut oder Freude, wenn *ihr Stück* einen Sprung nach oben oder unten in den *Top Ten* gemacht hatte; in der *Tabelle* also, nach der sich nun, oberhalb der fußballerischen, der Wert aller Dinge bemaß.

Zehn Stücke, alle knapp unter drei Minuten lang, also samt Ansage und Kurzkommentar in einer halben Stunde unterzubringen. Sie schafften, was die in ihre Fußball-Enklaven ausgewanderten männlichen Kickrebellen beileibe nicht geschafft hatten. Sie schafften die Elterngeneration als *tonangebende* aus dem Weg. Es wäre untertrieben, zu sagen, sie brachten nur die elterliche *Fascho-Generation* ins Grab. Die schafften sie natürlich auch. Aber es war viel umfassender und radikaler. 1956/57 ist mit einiger Sicherheit das Datum des rapidesten Generationenbruchs, den es je gegeben hat. (An dem Umstand, dies nicht begriffen zu haben, und partout nicht begreifen zu wollen, hat übrigens 12 Jahre später das Herz des Frankfurter Philosophen und Musiktheoretikers Theodor W. Adorno sein Schlagen eingestellt. Ihm blieb so die Erkenntnis erspart, der erste intellektuelle Popstar Nachkriegsdeutschlands gewesen zu sein.)

Die *Top Ten*-Diskussionen, an denen wirklich alle beteiligt waren, Jungens und Mädchen, angepasste Schleimer, Streber und Petzer ebenso wie die Raudifraktionen, knüpften bei mir sozusagen nahtlos an die Tabellen und Aufzeichnungsspiele der einsamen Regentage an. *Oh Boy* von den Crickets sollte ebenso lange Number One bleiben, wie der HSV an der Tabellenspitze. Und dann verliebte ich mich in Guy Mitchell, *Singin' The Blues*, besonders den gepfiffenen Teil darin, und prügelte mich beinah auf dem Schulhof mit einem Menschen namens Neumeyer, mit dem ich sonst *überhaupt nichts* zu tun hatte, weil er mir vorwarf, ich wäre aus opportunistischen Gründen zu *Singin' The Blues* übergewechselt, während er noch an *Yes, Tonight Josephine* (oder einem andern Stück) hing; ich würde *überhaupt immer* der neuesten Nummer eins anhängen; und das war ja wohl die Höhe! Was für ein Granatenarschloch.

Wieder war das Radio das entscheidende Medium. Das Radio hatte die Fußball-Namen und die Ergebnisse genannt, und »wir« agierten sie aus; mit Tabellen schreiben, mit selber Fußball spielen. Und nun mit Platten kaufen, Platten hören, selber Gitarre lernen oder Schlagzeug und selber singen. Dass Abhängigkeit von Medien eigene *Aktivitäten* verhindere oder eindämme, habe ich nie geglaubt. Bei mir genau das Gegenteil. Und natürlich waren wir Radio-Addicts im vollen Wortsinn. Fußball wie Rockmusik waren aus dem Radio gekommen und gingen über in den Körper als dessen wichtigste Stabilisatoren wie auch Umwälzer seiner Struktur. Als dritter kam das Kino hinzu. Auch ein technisches Medium. Niemand der Erwachsenen, die ich kannte, mit Ausnahme der Dauergesänge meiner Mutter, die aber auch eher *medial* waren als persönlich, hatte auch nur annähernd einen ähnlichen Anteil am »Aufbau der Person«, wie diese Medien und die durch sie gestifteten Tätigkeiten: Radio/Fußball, Radio/Rockmusik, Kino/Sehen. Kino plus Fußball ergab: Räume-Denken. Sehen als Wahrnehmung von Abläufen und als analytisches *Durchblicken.* Der genaue Pass als Entsprechung präzisen Denkens. *Man kann keinen Ball ins Tor quatschen.* Durchblicken geht nur bei steter Berücksichtigung der Mannschaftsaufstellungen und Tabellenstände des Wirklichen. Vor allem: Nicht nur zusehen und zuhören, sondern selber spielen. Als Spieler ist man ein Teil dessen, *was läuft.* Egal, ob man später »auf dem Platz« oder in Buchform seine Tore schießt. *Tor zur Welt* werden konnte der Fußball nur durch seine gelingende

Verkoppelung von eigener Körperlichkeit mit technischen Übertragungsmedien.

Alle diese Medien, die die neuen Gefühle einer ganzen Generation stifteten, blieben zunächst streng außerschulisch, im exterritorialen Lebensbereich, wie der Fußball selber auch. Als Schulsport war Fußball an Gymnasien so gut wie nicht vorhanden, trotz des WM-Gewinns von 1954. Den Lehrern war er zu »brutal« und zu sehr »Armensport«. Während die Musik ihnen »zu laut« und »zu primitiv« war. Und das Kino »zu seicht« und »zu bunt«. Das Leben insgesamt also *zu lebendig*. Dem Ansturm der neuen Medien und der sich umstrukturierenden Körperlichkeit der jungen hatte die alte Generation 1957 nichts entgegenzusetzen, als die Kategorie des »besseren Geschmacks« und das eigene Abgestorbensein. Der »gute Geschmack«, dieser abgehalfterte Gaul aller Begriffslosen, ist mit Recht bis heute das diskreditierteste aller Orientierungsmittel.

Internationalismus!

Erst 1957 kam auch die große Zeit der Ungarn! Nicht der ungarischen Elf, denn die zerfiel. Nach dem antikommunistischen Aufstand 1956 flohen fast alle guten Spieler aus Budapest in den goldenen Profi-Westen und landeten – wo sollten sie schon landen? –bei den strahlendsten Vereinsmannschaften des Westens, beim FC Barcelona und bei Real Madrid. Nach und nach gab es Fernsehen; wenn nicht zu Hause, dann in Kneipen. Man konnte sie sehen, Puskás neben di Stéfano, Ballzauberer aus dem Fußballtraumbuch. HSV-Fan? Ja, natürlich. Aber diese hier waren besser, spielten schöner, kein

Vergleich. Ein Slogan wie *Ferenc Puskás Fußballgott* war noch nicht erfunden. Aber die Idee einer Fußball-Internationale begann sich zu bilden. Ein Keeper wie Jaschin! Der ist Russe? Ist doch völlig egal. Ein Wahnsinnstorwart! Sir Stanley Matthews, wow! Und später dann ein eigener Stan Libuda.

Der selbstverständliche Internationalismus, wie er gleichzeitig aus amerikanischen Musiken und Filmen die Sinne okkupierte, hatte seine Fußball-Parallele. In einem Fußball als internationaler Kunst, wie diese Ungaro-Hispanos sie vorführten. Gut, auch der HSV, Eintracht Frankfurt, Köln, Borussia Dortmund boten Beachtliches im Europapokal, aber wenn die Eintracht, 1960 mit guten Spielen bis ins Landesmeister-Finale vorgedrungen, von Real Madrid mit 3:7 geschlagen vom Platz geschickt wurde, entzaubert, gab es kein Vertun, keine nationale Trauer. Wer nicht Real-Fan war, hatte selbst Schuld und musste ja wohl blind sein. Wie später mit Eusebios Benfica oder mit Inter Mailand. Es gefiel mir sehr, als ich später lernte, dass Inter Mailand seinen Namen tatsächlich trägt, weil Spieler den AC Milan, der keine Ausländer aufnehmen wollte, deshalb verließen und einen eigenen Club gründeten: Internazionale Mailand, jahrelang mein Lieblingsclub, mit dem grandiosen Sandro Mazzola.

Sehr aufschlussreich war dieser idiotische Italien-Hass deutscher Sportreporter, die immer von simulierenden Italienern jammerten, wo Fußball in schöner Vollendung vorgeführt wurde. Es dauerte ein Weilchen, bis später auch deutsche Mannschaften mithalten konnten, Borussia Dortmund, die Bayern, und dann Gladbach vor allem, umso besser. Aber die Maßstäbe waren gesetzt, Real-Maßstäbe eines selbstverständlichen fußballerischen Internationalismus. Eine Freiburger Bunte-Liga-Truppe nannte sich mal *Hinter Mailand*, genialer Name. Die komische *Wir-haben-gewonnen*-Haltung deutscher Nichtkicker bei deutschen Länderspielsiegen war jedenfalls ein für alle Mal desavouiert, um es etwas französisch zu sagen. Wo also die Nationalaffen saßen und quasselten, war fußballintern ganz gut zu entscheiden. Auch darüber, wer welcher Mannschaft oder welchem Land oder welchem Spieler und mit welchen Argumenten anhing oder nicht.

Heute schaue ich Sonntagnacht immer noch schnell in den Teletext: ob Ajax wieder auf Nr. 1 ist in Holland; wie Liverpool steht; und Rot-Weiß Essen schafft's wieder nicht in der Regionalliga Nord. (Oder doch?) Girondins Bordeaux, kommen nicht hoch im Moment. Was ist da los? Olympique Marseille, trotz Bernard-Tapie-Sünden ein Lieblingsverein, auch sehr schwankend! Aber noch hält sich La Coruna gegen Real. Ausbalanciert mit aufgefrischtem Tabellenstand Europa bis deutsche Regionalligen und Frauen-Bundesliga, ARD-Teletext 271-73 und 280-90, sinke ich in die Federn. *Monday Monday* – kann kommen, okay.

Trotzdem hat sich bei mir eine Art Zwang erhalten, mit den deutschen Mannschaften mitzuzittern, auch ohne Wir-Gehabe. Wenn eine gut spielende deutsche Elf gewinnt – schön, das ist problemlos. Aber auch die schlecht spielenden sollen gewinnen. Fußball ist das einzige Feld, wo Reste einer Art von »nationalem Gefühl« bei mir bestehen geblieben sind. Gut rationalisiert natürlich: Bis heute glaube ich (oder bilde ich mir ein), dass der Gewaltpegel in deutschen Wohnhäusern etwas niedriger kocht bei deutschen Fußballsiegen; ohne den geringsten statistischen Beleg allerdings. Einen andern vernünftigen Grund anzugeben, warum es irgendwo im Körper mehr für ein deutsches Nationalteam kribbelt als für andere Mannschaften, wüsste ich nicht. Vielleicht den, dass man die einzelnen Spieler besser kennt, als die anderer Länder. Beim heutigen Internationalismus der Übertragungen stimmt aber auch das kaum noch. Irrational also, ein Überrest der frühesten fußballerischen Identifikationen, in denen sich die

Kraft dieses Ursystems von Weltwahrnehmung und meiner kindlichen Weltordnungsversuche immer noch durchsetzt. Wenn »Deutschland« spielt, werfe ich immer noch die Schummelwürfel – bis das richtige Team gewonnen hat. Würde aber nicht so weit gehen, zu behaupten, die Deutschen hätten »zu Recht« das Endspiel von Yokohama erreicht (nach Katastrophenspielen wie dem absolut unverdienten 1:0 gegen die USA. Aber hätte ich die USA weiterkommen sehen wollen? Gott nein, bloß das nicht. Bloß nicht auch noch im Fußball dies selbstgerechte Fähnchengewedel auf den Rängen!).

Fieberbälle

Bälle bildeten auch das Inventar meiner kindlichen Fieberphantasien. Bälle, die über einen Tisch rollen. Tennisbälle, oder eher Billardkugeln. Die häufigen Erkältungsfieber im unterernährten Kinderkörper waren von einer ganz besonderen Gewalt. In der Erinnerung kommen sie mir als Zustände in der Nähe eines Halbkomas vor. Ich trat regelrecht weg und schwarzrote Fieberwellen okkupierten den Schädel. Die Wellen kamen rhythmisch, sie hatten im Wechsel eine bedrohliche und eine beruhigende Seite. Beide dargestellt in Ballbewegungen.

Die Bälle rollten hin und her auf unserem Küchentisch, der aber einen Filzbezug bekommen hatte. Sie rollten lautlos. Das war sehr schön. Aber wenn das Fieber »angriff«, senkten sich Drähte von oben in ihre Rollbahn und behinderten sie oder stoppten sie sogar. Die Drähte waren eine Mischung aus kaputtgegangenen Uhrfedern, einer Art Stahlbänder also, und kleinen Stacheldrahtverhauen, in denen sich die Bälle fingen.

Diese Fieberphase war äußerst schmerzhaft. Sie schnitt ins Hirn und in den Hals, wo der Erkältungsschmerz lokalisiert war. Dann kam wieder die Beruhigungsphase. Die Drähte zogen sich zurück, die Bälle rollten ungehindert hin und her, in langsamen, schönen Bewegungen. Dies war die Paradiesseite des Fiebers. Der Schmerz schwand, der Körper schwelgte in den rollenden Kugeln. »Gott, lass dies dauern ... bis ich eingeschlafen bin.« Aber Schlaf war nicht möglich in den Fieberzuständen. Jedenfalls kein bilderloser Schlaf. Denn im Traum ergab sich dieselbe Bewegung; ob ich mehr träumte oder mehr halluzinierte, kann ich nicht sagen. Nur, dass die Nächte endlos waren, nie aufzuhören schienen.

Den dämmernden Tag bekam ich trotzdem nie mit, weil ich tatsächlich aus Erschöpfung gegen Morgen hin eingeschlafen sein musste. Wenn ich aufwachte, war es hellster Tag. Die Bälle lagen weit weg im Dunkel der Nacht. Unwirklich, als wären sie nie da gewesen. Aber sie würden wiederkommen; und sie taten es, wenn der Abend kam. Ich freute mich auf die rollenden Bälle, auf die beruhigende Schönheit ihrer gepolsterten Bewegung, und fürchtete die schneidenden Drähte; nicht ohne die Hoffnung, dass sie ausbleiben könnten. Und irgendwann blieben sie aus. Der Schlaf wurde ein großer stiller Ball, aus dessen Innerem sich die Krankheit verzog: Ich wurde, was die Erwachsenen »gesund« nannten. *Gesundheit* ist ein großer, ruhiger, ungestört rollender Ball. So sehr war ich Bällen und ihrem Rollen verbunden, dass der ganze Körper Ballform annahm, wenn er seine nächtlichen Turbulenzen austrug.

Gut zwei Jahrzehnte später gab es ein Revival der »Ballfieber«. Der sonntägliche Kick der Freiburger Studentengruppe, zu dem ich regelmäßig ging, fand auf einem Hartplatz statt, der »Olympiaacker« hieß. Dieser jahrelang von uns bespielte Platz entwickelte Anfang der 70er in meinen

Traumnächten ein merkwürdiges Eigenleben. Die Bälle, die man zielgenau über den Platz passte, liefen nicht mehr richtig. Es gab mit einem Mal Bodenwellen, kleine Erhebungen, Risse. Und eine Erderschütterung. Sie kam nicht von einem Erdbeben, sondern von einem Bagger her, der im Traum zwischen uns Kickenden auftauchte. Auf dem Bagger saß Uli Hoeneß, einer meiner Lieblingsspieler damals. Er kuckte streng und grub den Olympiaacker um. Was er hervorschaufelte, waren Knochen. Knochen und Schädel. Wir starrten entsetzt, aber irgendwie wusste ich im Traum: »Ja, so ist es. Unter der Spielfläche sind Tote verbuddelt.« Eine historische Traumgewissheit: »Es gibt keinen harmlosen Quadratzentimeter Erde, nicht mal einen simplen Fußballplatz, nach Holocaust und Weltkrieg.« So jedenfalls »übersetzten« sich mir die Traumbilder ins bewusste Denken. Und »hart umkämpft« waren die Quadratmeter des Platzes unter uns ja durchaus. Nicht selten grenzten die Spiele an »Krieg« unter den Spielenden. Verschiedene rivalisierende Gruppen waren vertreten; nicht nur Fußball wurde ausgetragen, sondern etliches andere, Politisches, Persönliches. Die Stimmung war hoch aufgeladen; manchmal an der Grenze zu Handgreiflichkeiten; die Disziplin der vernünftigen Erwachsenen, die wir sein wollten, behielt aber die Oberhand.

Ein Traum, der blieb. Ich habe ihn in Abwandlungen über mehrere Jahre bestimmt zwanzig, dreißig Mal geträumt. Mal kamen mehr Knochen hervor, mal weniger. Die Funktion des Baggers war genau die der Drähte aus meinen Kindheitsfiebern; aber es waren keine Fieberträume, sie kamen in ganz normaler Nacht, und immer saß Uli Hoeneß auf dem gelben Störfaktor; warum gerade er, ist mir bis heute ein Rätsel.

Atem im Genick & Aus-Musterung

Mit siebzehn nahm ein Flensburger Freund mich mit zum Vorortverein ESV Weiche-West. Dort herrschte chronischer Spielermangel bei den A-Junioren; man kam gleich ins Team. Besonders ein Linksfuß fehlte; ich kam auf Linksaußen, meine Lieblingsposition, wenn ich nicht linker Halbstürmer spielen durfte. Training und Spiel auf Hartplatz, na wenn schon. Einen richtigen Trainer gab es nicht; ab und zu schaute ein Spieler aus der Herrenmannschaft vorbei und spielte sich ein bisschen auf. Zu den Spielen am Sonntagvormittag fuhren wir ohne Organisation des Vereins. Eltern, die ein Auto besaßen, kutschierten uns. Sehr selten stand ein Kleinbus zur Verfügung, in den fast alle hineinpassten. Das war noch das Beste.

Die Mannschaft wurde vom Herdenführer aufgestellt; ein großer bulliger Typ, der Mittelläufer spielte und hinten abräumte. Seine Autorität war uneingeschränkt, d. h. man hätte bei Gemotze ein paar abbekommen. Wenn kein Keeper da war, kam ich in den Kasten. Man sollte ein paar Mark dabei haben für Benzingeld und Getränke. Trikots stellte der Verein, ein dunkles Violett, Aubergine würde man heute sagen, schön. Ohne Rückennummern, nicht so schön. Wenn ich schon im Verein spielte, hätte ich doch wenigstens gern eine Rückennummer gehabt, eine schöne »11« wie Hans Schäfer oder Charly Dörfel. War nicht. Später liebte ich Erwin Kremers auf dieser Position, und Rüdiger Abramczik, der mal Links-, mal Rechtsaußen spielte; der Mensch, mit dem nach Toni Turek Fußballgott das Transzendente im deutschen Fußball erneut von sich hören ließ: Abramczik Flankengott! Ein Schalker, wie Kremers. Ich wusste noch nicht, dass die Linksaußen neben den Torhütern, zu *den Verrückten* unter den

Fußballern gezählt werden. Die mit einer besonderen Macke. Dann hatte ich eine doppelte.

Meine Vereinskarriere währte knapp ein Jahr. Dann haute mir ein Bauernlümmel aus Satrup oder Süderbrarup oder war es ein anderes Angelner Kaff derart von hinten die Beine weg, dass es mir das rechte Knie verdrehte. Es schwoll an, sog sich voll Blut, innerhalb einer halben Stunde war es dicker als der Oberschenkel. Scheiße – Punktion, erst kalte, dann heiße Umschläge, Schlickpackungen, Salben zum Abschwellen, Verbände, Spielpause.

Das erste Mal war mir das in der Schule passiert, beim Korbball. Während einer Drehung mit dem Ball sprang mir ein Angreifer, das absolute Schwergewicht unter den Schülern, voll auf den rechten Fuß und blieb da stehen. Der Rest des Körpers drehte sich, mein Standbein nicht, das war festbetoniert, und meine erste Knieverdrehung damit komplett. Merkwürdigerweise ist mir bei meiner *Standardverletzung* nie ein Band gerissen.

Ob es wirklich ein »Bauer« war, der mich in vollem Lauf vom Standbein holte, ist damit nicht gesagt. Für uns waren alle diese Jungs vom Land bei den Sonntagsausflügen mit Lederball Bauernlümmel oder Landrüpel. Die Zuschreibung kam nicht nur aus unserm hochtrabenden Stadt-Land-Rassismus, er kam vom Zustand der Plätze her, auf denen wir spielten. Und vom Nordwetter. Die Grasplätze waren an sich schon Äcker, uneben, mit Löchern. Gefährlich genug bei trockenem Wetter, man konnte immer mit dem Fuß in einem Loch hängen bleiben und umknicken. Bei Nässe rutschte und fiel man zwar sanfter, aber verdrehte sich auch leichter ein Gelenk. Vor den Toren war der Rasen weggetrampelt, weggematscht, dort glänzten riesige Pfützen, kleine Seen, in denen die Bälle hängen blieben und kaum herauszubekommen waren.

So ein quatschnass voll gesogener Lederball bringt ein paar Kilo auf die Waage. Damit sollte man Flanken schlagen auf den Mittelstürmer, der irgendwo da vorn in der verregneten Unendlichkeit herumwatete und auf Bälle wartete und die ganze Zeit über auf der Rückfahrt fluchen würde, dass er keine bekommen hatte. Dagegen war unser heimischer Hartplatz, auch bei Regen, ein sehr berechenbares Geläuf. Kurz: Die Spielweise der »Bauernlümmel« war diesen Plätzen angepasst, und ihre Körperlichkeit auch. Durchweg ziemlich stämmige, rüde Burschen, die mit nichts als Kraft ihre Bälle nach vorn kloppten, hinterherrannten, sie aus Löchern und Pfützen wuchteten, und ihren Gegenspieler, wenn da einer stand, gleich mit. Geahndet wurde das selten; die Spiele pfiff ein Einheimischer; die Kunde eines möglichen Fair Play war bis zu den »Bauern« noch nicht gedrungen. Wir hatten eine Menge Gesprächsstoff für die Rückfahrt. »Du Bauer« war ein geläufiges Schimpfwort, auch in der Schule. Gegen jeden, der durch besondere Unzivilisiertheit glänzte.

Die Verletzung war klar »mit Absicht«. Ich hatte den Typ kommen hören, herankeuchen hören von hinten, während ich mir den Ball vorlegte und auf Strafraumhöhe zu kommen suchte. Dann, seinen Atem schon im Nacken, schlug ich den Ball nach innen und er mir im selben Moment das Standbein weg, volle Sense. Später dachte ich oft, ich hätte einfach stehen bleiben sollen, mich umdrehen und ihn fragen »Was willst du? Bauer!«. Wahrscheinlich hätte er mich umgerannt, den Ball genommen und wäre in die Gegenrichtung abgezogen. Das Knie war jedenfalls hin und erledigte mich für den Vereinsfußball. Nach einigen Monaten Pause spielte ich zwar wieder, aber bald, in einem Spiel der Schulmannschaft *Altes Gymnasium* gegen die Konkurrenz *Goethe-Gymnasium* vom Berg gegenüber, auf der andern Seite des Flensburger Hafens, ging es wieder kaputt. Ohne Gegnereinwirkung. Die Sache wurde chronisch. Schließlich konnte ich ohne bandagiertes Knie nicht mehr spielen; Stützverband zur Sicherheit. Das geht nicht im Verein. Im freien Fußball schon. Man kann die Verbände unter einer langen Sporthose verstecken; kurzbehost hat man mich auf den späteren Alternativ-Plätzen kaum mehr herumrennen sehen.

Die Sache blieb nicht beschränkt auf das Fußballerische. Das Abitur rückte näher, die Musterung, die Bundeswehr. Ein Arzt, den ich aufsuchte, stellte durch Abtasten freie Knorpelkörper in beiden Kniegelenken fest. Sie knackten auch hörbar beim Kniebeugen. Er schrieb mir einen Zettel, ein einfaches DIN-A5-Blatt mit dem Befund »bleibende Gelenkveränderung in beiden Knien«. Damit war ich befreit von den umlaufenden Schüler-Rezepturen: »Fünfzehn Tassen starken Kaffee trinken, ein paar Nächte nicht schlafen, und zwanzig Mal die Treppen rauf und runter«; Übungen, die das Herz so hektisch werden lassen sollten, dass es bei der Musterung als untauglich durchfiel.

Ich zeigte meinen Zettel vor, machte ein paar Kniebeugen, es knackte laut, »Hören Sie auf! Hören Sie bloß auf!«, sagte der Musterungshengst, einer dieser berüchtigten Typen, die sonst Hinterhalt, Drückebergerei und Vaterlandsverrat vermuteten. Er schrieb mir Klasse IV in den Bogen; das hieß dauerhaft untauglich; nicht mal für Reserve oder so. Den ganzen Bundeswehrladen war ich ein für alle Mal los; ich hab nie wieder etwas von ihnen gehört. Dies war *A Very Short Good-bye*. Dank des Bauernlümmels wohl.

Denn: *Verweigern* tat 1962 noch fast niemand, mangels ausgebildetem politischen Bewusstsein. Man musste durch diese Gewissensmühle, das war peinlich; man wollte nicht sagen: »Nein, natürlich verteidige ich meine Freundin nicht, wenn sie nachts im Park angegriffen wird. Ich bin Pazifist« und ähnlichen Blödsinn, mit dem sie einen quälten, bis man bei

Widersprüchen ertappt und als Heuchler überführt würde. Verweigern war irgendwie *unwürdig*. Natürlich waren alle Leute, die ich kannte, Anti-Militaristen, aber eben individuelle. Und auch noch literarische, in meinem Fall. Ich hatte James Jones *Verdammt in alle Ewigkeit* gelesen; *From Here to Eternity*, was für ein schöner Titel. Und den Film mit Burt Lancaster und *Frankie Boy Sinatra* gesehen, der dort dauernd in den Bau gesteckt wird, ins Loch wegen Widerständigkeit, wegen harmlosester Vergehen, von einem *Fatso* genannten Typ, *Fettsau* im deutschen Ohr, gespielt von Ernest Borgnine, dieser ollen verschlagenen Ratte. Und der zarte melancholische Montgomery Clift dazwischen, verliebt und vom Tod gezeichnet; ja, er und *Frankie Boy* würden das alles nicht überleben; und einer spielte so wunderschön den phantastischen Ewigkeits-Blues auf seinem *Trompetenmundstück*. Und ja – so ähnlich hatte ich mir meine Bundeswehrzeit vorgestellt, hätte ich *dahin gemusst*. Immer rebellisch, immer für Gerechtigkeit, aufsässig wie in der Schule den Mund aufgemacht, also immer im Bau, hungrig, leidend, zuletzt gar *gefoltert*, das Ende absehbar.

Mit diesem gefährlich sentimentalen Zeug im Kopf bin ich am Soldatenleben in der Bundeswehr grad so vorbeigeschrammt. Dank des Bauernlümmels. Und dank eines intelligenten Knies, das sich entschied, seine Verletztheit als *dauerhaft* zu installieren.

Hirnvertauschung

1965 in Kiel, mit 23 Jahren, nach sieben Semestern Literaturstudium, ging das Knie so massiv kaputt, dass eine Operation unumgänglich wurde, wenn ich nicht Versteifungen in Kauf nehmen wollte. Ich landete sechs Wochen im Klinikbett; und hatte Zeit – zu denken. Erst mal schrieb ich einen großen DIN-A4-Block voll: Dialoge, ein Theaterstück. Den größten Teil meiner Kieler Studentenzeit habe ich an der Studentenbühne zugebracht, mit späterer Theaterperspektive im Sinn, sei es als Stückeschreiber, Dramaturg, Regisseur oder so. Ich schrieb in der Klinik in vier Wochen ein Stück im Stil von Ionescos *Die kahle Sängerin*, gekreuzt mit Picassos *Wie man Wünsche beim Schwanz packt*. Gespickt mit absurden Witzen en gros, sprechenden Schränken und Fensterbänken, wirren Gerichtsszenen, unschuldig Angeklagten, lachte mich beim Schreiben schief, wurde fertig, las es in Ruhe durch und fand es scheiße.

Fand es so gründlich und in aller Ruhe scheiße, dass ich mir, in all der vielen Denkzeit, die mir das operierte Knie bescherte, sagen konnte, das ist nicht dein Job. Dies ganze Theater ist überhaupt nicht dein Job. Du solltest mal was anderes probieren, vielleicht zur Abwechslung mal ein bisschen studieren. Und das geht nicht in einer Stadt, wo du tausend Leute kennst aus Theater, Flipperhallen, Stehcafés, Nachtkneipen und Kinos, die du auf Schritt und Tritt hier triffst; du musst also den Ort wechseln. Das sagte das eingegipste, vor sich hin heilende operierte, schmerzende Fußballknie, und lag damit ebenso wenig falsch, wie in jenem Moment, als es mich an der Bundeswehr vorbei trug.

Ob »ich« dann immer die richtigen Schlüsse aus dem gezogen habe, was das Knie mir nahe legte, weiß ich nicht. Aber *dass* ich Schlüsse gezogen habe, schon. Aus dieser ersten großen Knieoperation resultierte der Entschluss: Ortswechsel. Es wurde Freiburg – wegen extremer Südlage.

Es dauerte eine Weile, bis ich begriff, dass mein fußballgeschädigtes Knie sein Handicap dazu nutzte, *ein Denken zu entwickeln*, also Aufgaben des Gehirns zu übernehmen. Bis ich zu ahnen anfing, dass es eine Art *fürsorgliches* Denken entwickelte für mein Leben, musste es aber noch mehrmals kaputtgehen. Es verletzte sich, oder ließ sich verletzen, um mir eine Gelenkveränderung *ganz anderer Art* zu signalisieren, nämlich dass es für mich *dachte*, wenn ich selber mit meinem Kopf es nicht tat. Fußballschaden war schlauer als Theaterehrgeiz.

Un-absurder gesagt: eingefleischte fußballerische Strukturen in meinem Körper, eine Art *verborgenes Realitätsprinzip*, warnte oder stoppte mich, wenn ich dabei war, »vom Feld« abzukommen. Einzelne Körperteile, Gliedmaßen, Organe oder Gelenke können *Denkfunktionen* für den ganzen Körperapparat übernehmen, las ich später beim Psycho-Arzt Georg Groddeck; bei mir waren das, aus einem fußballerischen Körpersystem heraus, die Knie. Die sich allerdings dafür *verletzen* mussten. Weil ich als *unverletzter*, als gesunder oder heiler Mensch, meinen Körperapparat eher in grobe Unglücke getrieben hätte. Da waren die Knie vor. Sie sagten, *Selbstverletzung schützt* vor gewissen Formen Unsinn oder Kriegsspiel.

Die Kniegelenke griffen nochmal entscheidend ein, als »ich« mir Mitte der 70er *nochmal* das rechte Knie beim Fußball so verdrehte, dass es sich, nach Rückgang des Blutergusses, nicht mehr richtig bewegen ließ. Es klemmte fest, blockierte, wenn ich auf dem Teppich gesessen hatte und mich erheben wollte. Aus *irgendeinem Grund* hatte ich meine Kniebandagen vergessen und *trotzdem* gespielt. Die ärztliche Diagnose kaprizierte sich auf den Außenmeniskus, der musste jetzt raus.

Diese Knieoperationen liefen noch nach altem Muster; nicht die schöne, elegante heutige Arthroskopie, die so gut wie keine Spuren hinterlässt. Wo man nach fünf Tagen wieder spazieren gehen kann. Sondern Aufschneiden des Gelenks die ganze Knielänge hinunter und dann wochenlang Gips. Ich habe da zwei wunderbare lange Narben, eine an der Innenseite, eine an der Außenseite des Knies.

Es ging auch alles gut mit der Operation, aber das Ganze nahm mich sehr mit, weil es mich *meinen Aufgaben* entzog. Monika und ich hatten unser erstes Kind, zweieinhalb Jahre alt, und ich war mitten in meiner Dissertation, der Arbeit, aus der dann *Männerphantasien* wurde. Aber irgendwie hing ich mit der Arbeit durch. Das erste Kapitel war geschrieben und ich kam nicht richtig weiter. Freuds Theorien zur Gewalt reichten nicht hin, wo ich hin wollte: zur analytischen Beschreibung des faschistischen Terrors. Ich zergrübelte mir den Kopf in der Klinik, *was mir denn fehlte*; und dachte die ganze Zeit: »Du Idiot, du musst am Schreibtisch sitzen; und musst dich um Daniel kümmern, wenn Monika bei ihrer Arbeit in der Klinik ist.« Und fand mich ganz unmöglich mit meinem dämlichen Fußball und diesen *Verletzungen*.

Dann bekam ich mit der Post ein Buch; einen *Raubdruck*: Deleuze/Guattari, *Anti-Ödipus*. Verleger KD Wolff, in dessen Verlag meine Arbeit erscheinen sollte, schickte öfter mal ein Buch, von dem er dachte, es könnte bei mir *am Weg* liegen. Oft kuckt man solche Sachen nicht richtig an, weil man grad so *im Arbeiten* ist. Ich lag aber im Hospital, eingegipst, und fing an, dies Buch zu lesen, und merkte nach zwanzig, dreißig Seiten und ausgiebigem, wildem Herumblättern, dass alle theoretischen Probleme, an denen ich im letzten Jahr herumgekaut hatte, hier behandelt wurden und einige von ihnen sogar gelöst. Ich hatte also für den Rest meines Klinikaufenthalts zu tun, und wusste ziemlich genau, wo's langgehen müsste mit dem Schreiben in den folgenden Jahren. Auf Grund der Kenntnis meines maroden Knies von den richtigen Momenten. Erstmals erkannt von einem Satruper Bauernlümmel. Dies war dann auch der Moment für mich, zu kapieren, dass *die Knie* etwas wollten mit ihren Beschädigungen.

Seitdem ist auch keins mehr in solch einer rabiaten Weise kaputtgegangen. Es gibt jetzt die Abnutzungserscheinungen und ihre Folgen; gute, spurenlose Kniereinigungsartisten und ebenso gute Physiotherapeuten.

Erstaunlicherweise schmerzen sie nicht trotz hundertprozentiger Arthrose. Der Knorpelapparat ist weg, abgeschliffen. Die Kniescheibe bewegt sich auf dem Knochen. Das tut normalerweise weh, aber ähnlich wie bei Bandscheibenvorfällen haben die einen damit höllische Schmerzen und andere, mit denselben Befunden, kommen fast schmerzfrei davon. Es muss da eine Veränderbarkeit der schmerzleitenden Nervenbahnungen im Körper geben. Die Knie waren nicht nur zu bestimmten Zeiten die Denkzentrale meines Körpers; sie waren auch *Nervensystem genug*, die nötigen Umleitungen vorzunehmen.

Ein Freund, der im Norden blieb, liest *The Story of My Knees* allerdings anders. Sie seien so oft kaputtgegangen, sagt er, weil ich nie »auf die Knie« habe gehen wollen; eine Strafe für mangelnde Demut. Offensichtlich glaubt er an eine andere Art Fußballgott. Ganz erstaunliche Körperteile, so oder so. Wenn ich beim Volleyball heute einen Ball mit dem Fuß annehme, staunen die Mitspieler, wie *gefühlvoll* meine Beine dies erledigen; ich staune selbst.

Zum Zusammenspiel des Systems »denkendes Knie« mit dem Freudschen »System Unbewusst« gibt es ein schönes historisches Detail. Der Mann, der 1869 die erste *Philosophie des Unbewussten* überhaupt verfasst hat, Karl Robert Eduard von Hartmann, Sohn eines preußischen Generals, erkannte »den Gedanken« als seinen Beruf, nachdem er »eines Knieleidens wegen« seine Militärkarriere aufgegeben hatte, lese ich in Friedrich Kittlers *Kulturgeschichte der Kulturwissenschaft*. Die erste Philosophie des Unbewussten entsteht, weil das

Knie ihres Autors diesen in die »richtige Richtung« lenkt. Das malade Gelenk entscheidet gegen den Kriegsdienst für »das Denken«. Nicht alles was hinkt, ist also ein Vergleich. Oft ist es ein verletzter Körper, auf der Suche nach *dem Weg*.

Zwischenstand

Was hat sich *eingegraben* in die Körperbestände? Zuerst: dass Medien beleben und dass sie international sind. Der Körper ist nicht allein; er lebt in Verbindung mit anderen Körpern, menschlichen und technischen Körpern. *Übertragungen* geschehen zwischen Menschen und ebenso zwischen Menschen und Technologien. Fußball von Anfang an bestand aus beidem: Körpern und Medien. Bällen auf Plätzen und Bällen in der Imagination, im Radiolautsprecher. Beim Spielen war man immer auch *wer anders*, ein anderer Spieler oder ein berühmter Verein. Spielen hieß: Weltanschluss. Die Schnittstelle zwischen »Ich« und »Welt«: der Ball. Ein Hyper-Ball, in dem auch alle nur gehörten und gefühlten Bälle kreisten.

Zum Zweiten grub sich ein, dass alles, was man tut, Resultate hat und haben soll. Ein Spiel hat immer ein Ergebnis, auch die abgebrochenen oder unterbrochenen. Man merkt sie sich und kann sie fortsetzen. Aber irgendwann sind sie beendet, mit den gleichen oder mit wechselnden Spielern. Aus dem Fußball kommt das Gefühl für Endlichkeit – Spielzeiten sind begrenzt! – und Kontinuität zugleich. Der Satz: »Nach dem Spiel ist vor dem Spiel« trägt viel weiter, als man leichthin denkt. Er verbindet mit dem Realen. Er garantiert eine Fortsetzung des Programms. Er trägt einen über drohende Leeren. In meiner Körperstruktur sagt *irgendetwas* unabweisbar nach einer gewissen Tätigkeitsspanne, dass sie *ein Ergebnis* haben müsse. Dass man z. B. nicht zwei, drei, vier Jahre an etwas arbeiten soll, ohne ein benennbares Resultat. Ein Spiel, das fünf Jahre dauert, ohne Ergebnis, ist kein Spiel mehr, sondern bedrohlicher Ernst. Beenden also, und neu anfangen.

Drittens ist es gut, sich selbst im Verhältnis zu anderen Spielern, Mannschaften und zu diversen *Tabellenständen* zu sehen. Es ist gut gegen Selbsttäuschung. Ohne Selbstkritik wächst man nicht als Spieler. Die Selbstkritik hat heftig auszufallen, zuweilen. Man bekommt dann auch wieder »Bälle«. Viertens kommt nichts *von allein*. Wer einen anderen Spieler umdribbeln oder »aussteigen lassen« will, muss das trainieren; was in anderen Zusammenhängen heißt: *lernen*. Es ist aber ein großer Vorteil, dies im allgemeinen Konzept-Rahmen *eines Spiels* zu tun. Einen Tick schneller am Ball sein bzw. ein wissenschaftliches Problem etwas eleganter darstellen, ist etwas anderes als das gewöhnliche holzende Austragen todernster Wissenschaftskonkurrenzen. Ratsam ist es auch, andere einzubeziehen; *abspielen*, statt sich fünfmal verbohrt selbst zu umdribbeln. Es entlastet und bringt Raumgewinn. Es ist gut zu wissen, es gibt »*das Team*«, immer. Wenn ich die Spiele überblicke, an denen ich beteiligt war/bin, komme ich durchaus auf die »elf Freunde«, die man laut Sepp H. *sein muss*.

Und: – ich weiß nicht, ob das schon mal jemand angemerkt hat – das Blatt Papier hat genau das Format des Spielfeldes. Man füllt es mit Schriftzügen. Bis die Wörter stimmen und der Satz drin ist. Nicht jedes gefüllte Blatt ist ein gewonnenes Spiel, aber einige kommen zusammen. Wenn es genug sind, wird es ein Buch – im Format eines Fußballfelds. Platz und Blatt vor dem Spiel sind leer. Und schön. Mit und ohne Flutlicht. Gleich kommen die Spieler. Es kribbelt. Dass der Kader eines großen Bundesligisten so um die 25 Spieler hat und das Alphabet 26 Buchstaben, wird zufällig sein. Ein merkwürdiger Zufall aber. 22 Mann laufen da unten herum, wenn das Spiel beginnt, dazu ein Schiedsrichter und zwei Assistenten. Plus Ball macht: 26. 26 Akteure und 26 Buchstaben sind so kombinierbar, dass immer andere Spieltypen und Spielfiguren herauskommen. An- und Abpfiff beim Fußball und beim Schreiben unterscheiden sich allerdings fundamental.

Es gibt auch Handicaps aus der Struktur des Fußballerischen, an erster Stelle den Hang zum Gewinnenmüssen. Er schleicht sich in alle möglichen Abläufe ein, in denen er nichts zu suchen hat; in denen er stört oder zerstört. Verlieren können ist oft besser in den zivilen Lebenszusammenhängen.

Was die »Übertragbarkeit« des persönlichen Verhaltens von Fußballspielern während des Spiels auf das übrige Leben betrifft, bin ich eher vorsichtig geworden. Total nette Leute und totale Idioten erkennt man zwar überall ziemlich schnell und sicher; aber wer ist schon so total eins von beiden. Nicht selten erlebt man Überraschungen; z. B. die, dass Spieler, die auf dem Feld völlig selbstverliebt aussehen, die nie abspielen, auf Zurufe nicht reagieren, die man für starrsinnig hält, anschließend in der Kneipe witzig, beweglich und aufmerksam sind, überhaupt nicht stur. Und durch einen Zufall bemerkt man, dass sie ziemlich kurzsichtig sind und im Spiel nicht erkennen, wo ihre Mitspieler postiert sind. Daher sind sie rasend gute Dribbler geworden, asozial und völlig effektlos auf dem Platz; anderswo aber das Gegenteil.

Andere überraschen einen mit Verhaltensweisen, die man auf dem Platz nicht erwartet und die man auch außerhalb nur selten antrifft; z. B. Spieler, die sehr gut spielen, die aber nicht *unbedingt* gewinnen wollen. Einer unter den Freiburger

Studenten, Rainer J., geht mir oft im Kopf herum. Ein hervorragender Dribbler, Modellathlet, immer gut gelaunt, nicht selbstverliebt und mit Blick für den Mitspieler. Manchmal dribbelte er sich durch, umspielte den Torwart, und machte den Ball nicht rein. Es war ihm zu einfach. Er ließ erst wieder ein, zwei Verteidiger zwischen sich und die Torlinie. Also das, was angeberische Spieler machen, wenn man 9:2 führt. Er machte das aber auch, wenn man 5:6 zurücklag. Verschenkte den Ausgleich und lächelte, was so viel hieß wie: »Schreit ruhig. Ihr wollt unbedingt gewinnen? Dann schießt euch euer Tor selbst. Ich will spielen.« Nicht dass er den »Killerinstinkt« nicht gekannt hätte, aber den Ball ins leere Tor zu schieben fand er billig. Er machte einen wahnsinnig, wenn man dadurch das Spiel verlor. Aber wie wunderbar zugleich; ein echter Anarchist. Wahrscheinlich hing er an jenem *Traumtor*, das er *nicht* geschossen hatte; an einer Serie solcher Traumtore.

Der Erste jedenfalls, den ich auf dem Fußballplatz traf, der nicht vom Hau des *Gewinnenmüssens* geschlagen war, diesem absolut männlichen Schaden, der siamesisch mit dem System Fußball verbunden ist. Männer kucken immer völlig fassungslos, wenn Frauen sagen: »Ach lass doch die andern mal gewinnen. Lass doch die Isländer mal gewinnen, das sind doch nette Menschen mit ihren kleinen Ponys und ihrer kleinen Insel.« – »Dann fahren wir aber nicht nach Portugal! Und die Holländer singen überall: Ohne Deutschland fahr'n wir zur EM. Das geht nicht! Haut sie weg, die Isländer (klar sind die vielleicht nett!). Aber seid ihr bescheuert? Was machen wir denn 2004, wenn wir nicht dabei sind? Was füllt dann diese Geschichtslücke?«

»It's more fun to compete«, stand auf den alten Flippermaschinen; gleich daneben standen die Tischfußballgeräte. *Spaß am Wettkampf* war obligatorisch an beiden. Mit dem zugehörigen Wunsch, dass man Gegner finden würde, die einen aufregenden Wettkampf garantierten. Man entwickelt eine Zuneigung zu Ebenbürtigen. Der Trikottausch ist (oft) mehr als eine leere Geste. Aber, was man selbst als Fußballer lernen kann, die *vernünftigeren* Menschen kommen ohne den Zwangs-Wettkampf aus. Es gibt ein Leben *jenseits* der kompetitiven Sinn-Systeme.

Teil II
Veränderung des Spiels.
Veränderung des Denkens

Zidane wäre Lenin?

Zur Veränderung des Fußballspiels ist in den letzten Jahren viel geschrieben worden, und bemerkenswert viel Vernünftiges. Christoph Biermann/Uli Fuchs beschrieben die Wandlung der Spielsysteme: *Der Ball ist rund, damit das Spiel die Richtung ändern kann*, Nick Hornby die Ausrichtung eines Fanlebens in London an den Spieldaten von Arsenal sowie die Umstrukturierung des Fußballpublikums in England von einer *working class*- zu einer Angestellten-Klientel: *Fever Pitch*. Allgemein wahrgenommen und breit verhandelt wurde die Wandlung des Fußballs zu einem Teil der Popkultur, gefeiert oder beklagt; Christoph Bausenwein steuerte die fehlende historische Großstudie bei: *Geheimnis Fußball*. Komplettiert von Christiane Eisenberg, Herausgeberin einer Darstellung der Entwicklung des Fußballs in verschiedenen Ländern, Frankreich, Italien, Österreich, Deutschland, Russland, Argentinien: *Fußball, soccer, calcio. Ein englischer Sport auf seinem Weg um die Welt*. Norbert Seitz spekulierte über die Parallelen in den Veränderungen zwischen Fußballwelt und politischer Welt: *Bananenrepublik und Gurkentruppe*. Den Blick in diese Richtung eröffnet hatte Dietrich Schulze-Marmelings Buch *Der gezähmte Fußball*. Thomas Kistner und Ludger Schulze beleuchteten in einem vehementen Angriff die *Strippenzieher und Profiteure im deutschen Fußball*, an erster Stelle Horst Dassler und Franz Beckenbauer in *Die Spielmacher*. Dirk Schümer befand: *Gott ist rund*. Über den Fußball als »Ersatz religiöser Rituale« wurde ausgiebig nachgedacht. Eine mehrbändige Fußballenzyklopädie ist in Arbeit bei Hardy Grüne, dem passionierten Datenjäger. Joe McGinniss und Tim Parks schrieben schöne Bücher über die Spieler- und Fankultur in Italien: *Das Wunder von Castel di Sangro* und *Eine Saison mit Verona*, um nur einige der interessanteren Arbeiten zu nennen. Inzwischen gibt es einen Berg von Fußballbüchern, von Spielern und Nichtspielern; notwendige, wie die Erinnerungen von Diego Maradona und die auch notwendigen von Uwe Seeler. Der auf den ersten Blick esoterisch anmutende Titel von Dietrich Schulze-Marmeling: *Davidstern und Lederball. Die Geschichte der Juden im deutschen und internationalen Fußball* erhält aktuelle Brisanz, wenn man erfährt, dass sowohl *Der Kicker* wie auch *Bayern München* jüdische Gründungen sind, dass beide bei ihren Jubiläumsveranstaltungen nichts davon wissen wollen, wobei einem klar wird, wie wenig davon im öffentlichen Bewusstsein verankert ist.

Es herrschte offenbar ein großer Nachholbedarf, nachdem jahrzehntelang eine Kaste kameraderistischer Berufssportreporter die Spalten der Zeitungen beherrscht hatte; eine Art Sportoffiziersclub, der unverhüllt soldatische Tugenden, Kampf und Einsatz, Unterwerfung und Gehorsamkeit gegenüber dem Trainer- und Vereinswillen propagierte und Spielberichte nach Primitivschablonen schrieb (von einigen Schreibern überregionaler Tageszeitungen abgesehen). Der Sportteil als Moralfibel und, was die Spiele betraf, als Ungenauigkeitskompendium ersten Ranges. Mehr als die Ergebnisse stimmte selten. Wer zwei Seiten Fußballmontag oder Bildsonntag ohne Übelkeit überstand, hatte seine Unempfindlichkeitsmedaille redlich verdient.

Inzwischen gibt es aber eine regelrechte *Gegenbewegung* gegen das viele *neue* stark verbesserte Fußballschreiben. Was wird moniert? Dass heute jeder hergelaufene Typ auf zwei Beinen mit Mal ein Fußballspezi ist; dass jeder Professor und Schornsteinfeger immer schon Fan war, immer schon alles mitverfolgt hat, also Experte ist von frühester Geburt an, und alle Politiker sowieso. Leider *stimmt* meist sogar etwas davon:

Sie *waren* zumindest mal Fans; oft haben sie in der C-Klasse oder sogar Bezirksliga gespielt. Dass sie jetzt populistisch den Fußball mitschlachten, ist unangenehm, entbehrt aber nicht unbedingt der Grundlage *eigener Praxis*, die eine Art Redeausweis darstellt. So wie für den Autor dieser Zeilen auch.

Wer also autorisiert wen zum Schreiben über Fußball? Der Ball und das Spiel sind etwas so Allgemeines wie die Atemluft. Auch diese teilen wir mit allen Sorten Schurken. *Wer verweigert also wem* die Autorisierung? In einem Artikel mit dem weitreichenden Titel *Das letzte Leuchten* schrieb Holger Gertz im Oktober 2003 in der *Süddeutschen Zeitung*: »Als im Herbst 2003 die Krise deutlicher sichtbar war als je zuvor, als die Arbeitslosen nicht weniger wurden; als in München eine Art Rote Armee Fraktion in Braun ausgehoben wurde; als die CSU eine Zweidrittelmehrheit schaffte; als die Hälfte der Leute in Bayern nicht mehr zur Wahl ging; als die Regierung in Berlin schwankte und schleuderte – da redeten alle, alle, alle über einen Fußballtrainer, der im Fernsehen ›Scheißdreck‹ gesagt hatte.« Das stimmt, *alle, alle, alle* taten genau das. Und niemand, der in der Lage oder ermächtigt gewesen wäre, das allein helfende »Töpfchen, steh!« da hineinzurufen. Der Brei kochte und kocht weiter. Wo Wörter sind, wo Sprache ist, da ist heute auch Fußball. Frage: Wo ist der Zusammenhang zwischen 50% Wahlbeteiligung und 100% Fußballgequassel? Ist da einer?

Ich habe zwei halbe Antworten. Die eine: Fußball ist Teil der Popkultur, und Popkultur ist heute der Wörtergenerator Nr. 1 – von den Vollidioten der Deutschland-sucht-den-Superstar-Branche, die die Boulevardblätter füllen, bis hin zu den skrupulösen Aufzeichnern und Kommentatoren jedes entlegenen Pop-Events. Es ist kein Witz mehr zu konstatieren, dass die früheren Erbsenzähler der traditionellen Philologien ins Popmetier übergewechselt sind; jede Variation eines Bob-

Dylan-Verses in jedem Konzert wird heute genauer registriert als die Hölderlin- oder Kafka-Varianten in historisch-kritischen Buchausgaben. In einer Sendung eines freien Radios über die Geschichte von *Apple-Records* erfahre ich nicht nur den Tag, sondern auch die genaue Tageszeit, in der John Lennon Take 10 der Rhythmusgrundlage von *Instant Karma* am 28. Januar 1970 aufgenommen hat. Die erste Idee zu dem Song kam ihm am Morgen des 27. Januar; und irgendwo wird auch verzeichnet sein, welche Drinks zwischen Take 5 und Take 6 genommen wurden. Auch die *Mündlichkeit* wird miterfasst, und so ähnlich geht es mit den Fußballvarianten. Boulevardisierung und Verwissenschaftlichung als die zwei Extreme desselben Prozesses.

Zweite Antwort – sie stammt von Monika, meiner Frau – ist der Wegfall der Utopien. Ihr fällt auf, dass mit dem Einreißen der Berliner Mauer und dem Untergang der alten Ostblockgesellschaften vielen Menschen hier ein geistiges Betätigungsfeld oder auch theoretisches *Spielfeld* genommen wurde, das, aus welchen merkwürdigen Gründen immer, durch eine ungeheure Menge öffentlichen Fußballs ersetzt wird. Fußball hier, Fußball da. Im Fernsehen wie in den Stadien. Er stopft offenbar gewisse Löcher. Die unübersehbare *Intellektualisierung* der Fußballzuwendung würde für diese These sprechen. Kannten sich die Leute vor drei Jahrzehnten noch bestens in den diversen chinesischen Wegen zur deutschen Revolution aus, kommentieren sie heute versiert die Verschiebungen der fußballerischen Gemengelagen. Zidane wäre dann so etwas wie der aktualisierte Lenin, ein unverfänglicherer zumal. Die Diskussionen über Pressing und Verschieben wären die Diskussionen des »richtigen Moments« des richtigen politischen Handelns. (Während man die Politiker ihren Murks, an dem man doch nichts ändern kann, machen lässt.) Das wäre ein Hinweis in Richtung der fünfzig Prozent und weniger Wähler.

Reste politischen Denkens würden also im Fußballerischen sozusagen überwintern; um gegebenenfalls auf anderen Feldern wieder Pässe zu schlagen. Denken ist ja eine Qualität, die nicht an Gegenstände gebunden ist, an Inhalte also. Es ist eine Daseinsstruktur. Inwieweit sie das Fußballerische momentan wirklich *erfasst* hat, ist schwer zu beurteilen. Aber dass die Leute, vor allem die Männer verschiedenster Bereiche, sich heute eher über den Stoff Fußball einander annähern und »austauschen« als etwa über Kino, Musik oder »das Politische«, scheint mir evident. Es ist auch nicht ohne schrägen Witz, wie neuerdings Formen des »politischen Protests« ins Fußballerische herüberwandern. Zwar sitzen immer noch Castor-Gegner auf Gorleben-Gleisen, aber die größere mediale Aufmerksamkeit gilt Fußballfans, die mit Sitzblockaden die Mannschaftsbusse ihrer Vereine an der Heimfahrt hindern. Brav steigen die beschämten Götter aus, entschuldigen sich für schlechtes Spiel und geloben Besserung. Die Illusion einer *Einflussnahme* auf das Geschehen, die von der Politwelt längst nicht mehr erwartet wird, ist vollkommen. Fußball hat etwas merkwürdig *Übergreifendes* bekommen. Worin das besteht, kann vielleicht deutlicher werden im Verlauf der folgenden Beobachtungen zur *Veränderung des Spiels.*

Brilliant Orange

Die genauesten Überlegungen zum Zusammenhang des Fußballs eines Landes mit seiner politischen, sozialen und geographischen Struktur stammen vom englischen Autor David Winner in seinem Buch *Brilliant Orange. The Neurotic Genius of Dutch Football.* Es handelt vom holländischen Fußball, vom *Oranje Team* um Johan Cruyff und die Spieler von Ajax Amsterdam, die seit den 60ern das europäische Fußballspiel revolutionierten.

Der holländische Raum ist anders, überschreibt David Winner sein Kapitel über die Bedingungen verschiedener Arten von Raumgefühl. Laut Winner lassen sich sowohl die holländische Fußballrevolution wie auch die Grundzüge der holländischen Malerei von Vermeer bis Mondrian aus Besonderheiten des holländischen Raumgefühls herleiten, wie sie sich im Lauf der Jahrhunderte aus der *künstlichen Herstellung* Hollands ergeben haben.

Ein geflügeltes Wort der Holländer, der zentrale Satz ihres nationalen Selbstbewusstseins, lautet: »Gott schuf die Erde. Aber die Holländer schufen Holland.« Das trägt der Tatsache Rechnung, dass es das Land Holland in Gottes Schöpfungsplan nicht gegeben hat; nicht gegeben haben kann, weil das Land erst durch Trockenlegungen und Eindeichungen dem Meer abgewonnen wurde. Es ist in allen seinen Teilen Produkt künstlicher Raumordnungen; geschützt von Deichen, aufgeteilt in Quadrate und Rechtecke, durchzogen von kilometerlangen schnurgeraden Landstraßen und ebensolchen Baumalleen; in einem durchgeplanten Wechsel von Wasser- und Landflächen, Straßen und Kanälen. Es ist, aus der Luft betrachtet und wenn seine regelmäßigen Tulpenfelder blühen, ein einziger großer Mondrian.

Das hat Folgen für die Denk- und Verhaltensweisen der Holländer auf allen möglichen Gebieten. In Kriegen wie denen gegen die Spanier im 17. Jahrhundert machten sie das Land durch künstliche Überschwemmungen eng »für den Feind«, wenn Überschwemmungen aus strategischen Gründen nützlich schienen. Ein strukturell »abstraktes« Raumgefühl entsteht mehr oder weniger bei allen Menschen, die in seinen Grenzen aufwachsen, sagt Winner. Er zitiert die Forschungen einer russischen Künstlergruppe, nach denen Holland das einzige Land auf der Welt ist, dessen Bewohner einen Überhang moderner Kunst à la Mondrian nicht nur in ihren Museen, sondern auch in ihren Wohnzimmern aufweisen.

Nach Winners These ist Johan Cruyffs Neudefinition des Fußballs seit den 60ern ebenfalls eine Folge von Raumabstraktionen. Zusammen mit dem holländischen Maler und Skulpteur Jeroen Henneman hat er die Spielweise von Ajax und anderer holländischer Teams untersucht und ist dabei auf einige wenige bestimmende Grundregeln gestoßen. Die Viererabwehrkette etwa, wie die Holländer sie eingeführt haben, ist vom Gesichtspunkt des Raums her nichts anderes als eine Linie über das ganze Spielfeld von Seitenlinie zu Seitenlinie, die den für das Spiel zur Verfügung stehenden Raum radikal verkleinert. Vorgeschoben bis zur Mittellinie verkleinert sie das Spielfeld um die Hälfte. Die Taktik der Spielfeldverkleinerung wenden die Holländer immer dann an, wenn der Gegner im Ballbesitz ist. Heute heißt das – und zwar überall – »Räume eng machen«, wenn der Gegner den Ball führt. Abspiele erschweren, kurze Wege schaffen bei der Attacke auf den ballführenden Spieler, Einkreisungen, Überzahl.

Laut Winner – und ich sehe niemand, der ihm darin widerspricht – ist das eine genuine Erfindung des Fußballgenies Johan Cruyff und seines Ajax-Trainers Rinus Michels; ebenso wie das korrespondierende Mittel bei eigenem Ballbesitz: *weite Räume* zu schaffen durch Auseinanderziehen des Spiels, schnelle Flügelwechsel, öffnende Diagonalpässe, die ganze Gruppen von gegnerischen Spielern für diesen Moment »aus dem Spiel nehmen«; komplettiert von einem mathematisierten, geometrisierenden Denken, das jederzeit das Spielfeld in Planquadrate oder Dreiecke aufteilt, durch deren systematisches Verschieben, Vorschieben und Ineinandergreifen bei gekonnter taktischer Anwendung notwendig ein Übergewicht der eigenen Kräfte Richtung gegnerisches Tor entsteht. Dazu kommt eine technisch raffinierte Palette *gekurvter Ballbewegungen,* eine besondere Art mit Effet geschlagener Bälle, die im Moment der Ballabgabe den Gegner über ihren wirklichen Zielpunkt täuschen, wodurch er erst einmal ein paar falsche Schritte macht, bevor erkennbar wird, welche Sorte Raumöffnung tatsächlich angepeilt war. Als Meister dieser Spielweise, der darin schließlich Cruyff übertraf, nennen Winner und Henneman Dennis Bergkamp. Einige Diagramme seiner genialen Flugkurven auf den Ex-Teamgefährten Anelka sind in Winners Buch abgebildet.

Johan Cruyff zeigen Winner und Henneman demgegenüber als einen Spieler, der auf dem Feld mehr mit dem Mundwerk und dem ausgestreckten Weisungsarm gearbeitet habe, als mit dem Ball an den Füßen. Mit dem er *auch* großartig war, aber primär zeigen sie ihn als Fußballdenker, der den andern Spielern *Linien* weist. Oder auch als Landschaftsarchitekten, der genauer sieht als andere, welche Linien sich auf Öffnung zum gegnerischen Tor hin am besten ziehen lassen.

Es gibt auch ein Gedicht dazu:

Vincent sah das Kornfeld
Einstein sah die Zahl
Und Zeppelin den Zeppelin
Und Johan sah den Ball.

In den 70er Jahren gab es in keinem Land ein wirkliches fußballerisches Mittel gegen die daraus resultierende überlegene Spielweise der Holländer. Auch bei den Brasilianern nicht, die auf bloße technische Überlegenheit und ihre Verspieltheit setzten, denen der abstrakt-denkerische Zug zum gegnerischen Tor aber vollkommen abging. Und die bei der WM 74 sogar mit »europäischen« Holzhackern in der Deckung antraten, wogegen die Polen äußerst elegant aussahen. Dass die

Holländer nicht mindestens zweimal Weltmeister wurden, nämlich in Deutschland 1974 und in Argentinien 1978, liegt allein in dem, was Winner das »neurotische Genie des holländischen Fußballs« nennt.

Das kann man so unterschreiben. Kein Mensch mit Fußballverstand, wenigstens keiner, den ich kenne, bezweifelt die spielerische Ausnahmestellung der Holländer bei der WM 1974 in Deutschland; obwohl die Deutschen auch kein übles Team beisammen hatten. Aber die Holländer versäumten im überlegen geführten ersten Drittel des Finales leichtfertig, nach der frühen Führung ein zweites Tor nachzulegen. Die holländischen Spieler haben sich selbst hinterher dafür kritisiert, die deutsche Elf erniedrigen, sie im eigenen Land vorführen zu wollen, und das ging ins Auge. Nach zwei glücklich erzielten deutschen Toren (darunter ein kaum vertretbarer Elfmeter) wendete sich das Glück, und es gelang dem holländischen Team trotz überlegen geführtem Schlussdrittel der Ausgleich nicht, der zumindest in die Verlängerung geführt hätte.

1978 dann, im Endspiel von Buenos Aires, setzte Rob Rensenbrink in einem von den Holländern ebenfalls überlegen geführten Spiel in der letzten Minute aus kürzester Distanz den Ball an den Pfosten des argentinischen Tors, wofür der ins Herz seiner Spielleidenschaft getroffene Trainer Ernst Happel ihn am liebsten gehäutet und gevierteilt hätte. (Im Interview mit David Winner beschwört Rensenbrink allerdings, dass dies *das Beste* war, was er aus seinem Schusswinkel überhaupt machen konnte. Happel fand das nicht.) Ähnlich souverän, wie bestimmte Billardspieler, belgische oder englische, die sich (sehr zu Recht) für unschlagbar halten, besiegten sich die Holländer jeweils selbst. Und installierten ihre Niederlage gegen die Deutschen 1974 im Zentrum ihres nationalen Selbstgefühls.

Winner schreibt dazu: »Die Ereignisse vom 7. Juli 1974 in München brannten sich in der gleichen Weise in die holländische Psyche, in der Dallas, der 22. November 1963, die amerikanische Psyche verfolgt. Natürlich wäre es obszön, eine exakte Parallele zwischen dem furchtbaren Mord an Präsident Kennedy und der Niederlage in einem simplen Fußballspiel ziehen zu wollen; dennoch: Überall in Holland weinten erwachsene Männer, als das holländische Team das WM-Finale gegen die deutschen Nachbarn verlor. Eine TV-Umfrage zum 20. Jahrestag des Ereignisses ergab, dass jeder empfindende holländische Mensch sich genau erinnerte, was er an jenem Tag tat und wo er sich befand. Der Dramatiker Johan Timmers hat diesen Komplex analysiert und kommt zu dem Schluss, dass die Niederlage von 1974 das größte Trauma des 20. Jahrhunderts für die Holländer ist, vergleichbar nur der Sturmflut von 1953 und dem Zweiten Weltkrieg. (...) »1974 war wirklich äußerst schmerzhaft für uns alle«, sagt die Psychoanalytikerin Anna Enquist. »Wir können vor uns selbst nicht eingestehen, dass eine solche Sache solche Bedeutung bekommen hat. Aber es trifft uns wirklich immer noch. Da ist ein tiefes, ungelöstes Trauma um 1974. Ein sehr lebendiger Schmerz, wie ein ungesühntes Verbrechen.«

Diese Niederlage war für das Empfinden der Holländer in höchstem Maße *ungerecht.* Irgendein übler Gott der Geschichte verweigerte ihnen wenigstens den *fußballerischen* Ausgleich für die militärische deutsche Besatzung im Zweiten Weltkrieg. Der Gewinn der Europameisterschaft 1988 gegen das deutsche Team in Deutschland (mit einem Sieg gegen den Gastgeber im Halbfinale) konnte das nur teilweise wettmachen. Immerhin »versammelten sich neun Millionen Menschen (d. h. über 60 Prozent der Bevölkerung!) auf den Straßen und Plätzen, um den historischen Sieg ihrer Elf zu feiern. Es war die größte öffentliche Versammlung seit der Befreiung der Niederlande von der braunen Besatzung«, schreibt Schulze-Marmeling. Ein *Weltmeistertitel* gelang dem mindestens ein Jahrzehnt lang überlegenen Team neurotischer Fußballarchitekten aber nie.

Die Beobachtungen Winners und Hennemans belegen für mich sehr klar, wie die Wahrnehmungsübertragbarkeit vom »System Fußball« auf andere gesellschaftliche Felder kein Hirngespinst ist, sondern sich viel exakter, als man zunächst glauben möchte, nachweisen und darstellen lässt.

Niklas Luhmann hat in seinen Versuchen, die hochtechnisierten europäischen Gesellschaften in ihrem Funktionieren als ein Nebeneinander verschiedener »ausdifferenzierter Systeme« zu beschreiben, diese Systeme selbst sehr exakt dargestellt und als in sich geschlossen charakterisiert. In einer seiner Hauptregeln kann ich ihm dabei nicht folgen; und dies je weniger, je länger ich an diesem Text schreibe. Für Luhmann gibt es die Übertragbarkeit von Regeln oder Vorgängen von einem System in ein anderes System nicht. Die Regeln des »Systems Kunst« sind andere als die Regeln des »Systems Politik«. Sie gelten nur im je abgeschlossenen Bereich. Dies widerspricht meiner Denk-Erfahrung, solange ich denken kann. Ich glaube, anders als Luhmann, dass es eine ganze Reihe struktureller Übereinstimmungen in allen »Systemen einer Gesellschaft« gibt. Darin liegt überhaupt der Grund, dass Angehörige, Mitarbeiter oder Arbeiter verschiedener Systeme miteinander kommunizieren können. Strukturelle Ähnlichkeiten bzw. Übereinstimmungen zwischen den verschiedenen Systemen *schaffen* überhaupt erst die Möglichkeit von Kommunikation und Wahrnehmungsübereinstimmungen zwischen Menschen verschiedener gesellschaftlicher Systeme wie auch Schichten. Fußball könnte man heute als *das System* bezeichnen, in dem Leute, die sonst in ihren getrennten Systemen stecken, am ehesten ihre Käfige verlassen. Einmal in den Stadien, aber auch vor dem Fernseher und in den Kneipen. Auch immer mehr Frauen, die sich sonst vom Fußball eher ausgeschlossen sahen oder selber ausschlossen.

Das System Fußball hat, wie David Winners Hollandbeispiel zeigt, Entsprechungen oder sogar Vorbedingungen im »System Kunst«, und dies System wieder hat seine Entsprechungen in Landschaftsplanung, Architektur, in der Art und Weise der Holländer, die Welt anzusehen. So wie der Fußball von vornherein in all *meinen* »Systemen«, die Welt anzusehen, steckt und seine ordnende Rolle spielt.

Noch einmal Winner: »Zur Zeit von Johan Cruyff begannen die Fußballer, ähnliche Dinge zu versuchen wie die Maler. Fußball drehte sich mit einem Mal nicht mehr um das gegenseitige Wegtreten der Beine. Man ging von den Ajax-Spielen weg mit dem Gefühl, ganz etwas Besonderes gesehen zu haben; und dass man der Einzige wäre, der dies gesehen hatte. Fragte man aber die andern, stellte sich heraus, dass ihnen dasselbe aufgefallen war. Da war etwas Spirituelles im Gange; was das genau war, war allerdings sehr schwer herauszubekommen. Vielleicht hat dies mit dem speziellen Schönheitssinn zu tun, der in Holland mit dem Fußball verbunden ist. Die Schönheit liegt im Raum und in der Flugkurve des Balls. Sie ist auch im Gras, aber ebenso in der Luft darüber, wo Bälle kreiseln, kurven, steigen und fallen können wie Planeten auf der Himmelsbahn. Also nicht nur auf dem Platz selber. Die Faltungen der Luft darüber zählen genauso dazu. Die Holländer ziehen es vor, jemanden mit Intelligenz und Schönheit zu schlagen, als mit Power.«

Genau diese Züge lassen sich auch in anderen »holländischen« Lebensäußerungen finden, die genau dadurch das Label »holländisch« verdienen und nicht bloß eine willkürliche rassistische Zuschreibung sind. Ganz ähnlich definieren sich dänische Fußballer, wenn sie sich regelmäßig als »Zivilfußballer« im Gegensatz zu den »militarisierten« Deutschen verstehen. Was auch für die Holländer gilt (oder galt), weil die Dominanz dieser Konstellationen in den Köpfen sowohl der Spieler wie der zuschauenden Bevölkerungen sich langsam aufzulösen beginnt. Wobei die Betonung auf langsam liegt, jedenfalls für die Länder, die mit Deutschland im Krieg waren, insbesondere England. Ein Spieler wie Jürgen Klinsmann hat in dieser Hinsicht Unschätzbares geleistet. Der kämpferische, aber unkriegerische Schwabe wurde in England akzeptiert und als Ersetzungsmodell des alten martialischen Deutschen auch gewünscht. (Dafür bekam er vom DFB kein offizielles Abschiedsspiel, wohl aber der martialische Matthäus.)

Wie *berechtigt* solche Zuschreibungen jeweils sind und wie »irreversibel«, ist eine andere Frage. Jedenfalls gibt es diese fußballerische »Verhaltenskarte« in Europa wie in der Welt; und ihre Eigenheiten werden übertragen auf andere Gesellschaftsbereiche. Was italienische oder englische Zuschauer also von deutschen Spielern oder Zuschauern »halten«, ist in jedem Fall ein so genanntes Politikum. Wenn in Italien spielende deutsche Profis es erreicht haben sollten, den deutschen Fußballmenschen vom allgemeinen Vorurteil über den »deutschen Urlaubsmenschen« auszunehmen, wäre das schon allerhand. Diese Befunde legen nahe, dass die »Systeme einer Gesellschaft« von jedem Einzelsystem aus, das man gut genug kennt, wahrnehmbar, verstehbar und beschreibbar werden. Wer bloß Fußball kennt, diesen aber sehr gut, wird auch in anderen Bereichen der Gesellschaft nicht orientierungslos dastehen. Wofür gerade Franz Beckenbauer ein beredtes Beispiel abgeben könnte.

ist ein Satz, der Rinus Michels zugeschrieben wird; zu Recht oder zu Unrecht. Als Autor der *Männerphantasien*, der sich zum »Körper des soldatischen Mannes« geäußert hat, bin ich oft gefragt worden, ob Fußball als im Kern reiner Männersport, als Männer*kampf*sport, nicht unterm Gesichtspunkt »Körperertüchtigung (verdeckt) soldatischer Männer« betrachtet werden muss; als eine Art Militärersatz also, dessen unausgesprochenes Ziel immer auch die fortdauernde Militarisierung der Gesellschaft sei, zumindest auf der Ebene fortdauernden Konkurrenz- und Hahnenkampfgehabes. Die Antwort, die in der Regel von mir erwartet wurde, sollte lauten: »Ja, so ist es.« Um zur Bestätigung »Hab ich doch immer gesagt« zu führen.

Ganz auszuschließen ist ein solcher Anteil am konkurrierenden Bolzgehabe in der Tat nicht. Die »gewünschte Antwort« habe ich dennoch eher verweigert. Zwar hat es Trainer gegeben, die Fußball genau unter solchen Gesichtspunkten betrieben haben. Biermann und Fuchs haben in ihrem Buch *Der Ball ist rund, damit das Spiel die Richtung ändern kann* diese Seite des Spiels zutreffend beschrieben. Ein militärischer oder zumindest martialischer Überhang besonders im »Fußball alter Schule« war zweifellos gegeben. Und nicht nur im deutschen Fußball. Der Torhüter Lars Leese, der eine Weile in England gespielt hat, beschreibt in *Der Traumhüter* die Situation »Kabine« nach einem Wochenendsieg mit den Worten: »Fußball ist eine Macho-Welt. Montagmorgens bei uns in der Umkleidekabine hättest du das Guinness-Buch der Rekorde neu schreiben können: Jeder war der Größte, jeder hatte am Wochenende 125 Bier getrunken und 99 Frauen weggehauen.« Das ist sicher eine Form von Krieg; aber eine Form, die heute nicht mehr an erster Stelle gefördert wird, wenn ich mir die Spiel- und Lebensbedingungen in den Fußballinternaten heutiger Profivereine anschaue.

Es gibt andere Tendenzen und Entwicklungen auf den »artistischeren« Seiten des Spiels, die es nahe legen, Fußball *nicht* als »Krieg« zu sehen. Um dies zu beschreiben, braucht man nicht einmal unbedingt die Selbstverständlichkeiten anzuführen, die Kriege von Spielen unterscheiden: den überwachten Kanon des Fair Play, die Anwesenheit von Schiedsrichtern, während der Terror des Krieges prinzipiell schiedsrichterlos läuft. Was tut Fußball? Er organisiert einen Kampf; Kämpfe um die Herrschaft über ein bestimmtes Stückchen Erde – also genau das, worum Staaten Kriege führen. Er gibt dazu allerdings beiden Parteien *ein und dasselbe Spielgerät* in die Arena, den Ball. Dieses Spielgerät darf nicht zerstört werden. Sonst wird das Spiel unterbrochen oder abgebrochen. Dies ist der entscheidende Schritt zur *unkriegerischen* Lösung des angesagten Kampfes. Beide Mannschaften kämpfen auch – ob ihnen dies bewusst ist oder nicht – für die Unversehrtheit des Balles. Am Grunde des Spiels liegt für alle ihre Liebe zum Ball. Theo Stemmler schreibt in seiner *Kleinen Geschichte des Fußballspiels* über *Kemari*, die japanische frühe Variante des Fußballs: »Es wird in spielerischem Ritual versucht, den Ball (= die Sonne) vor dem Herabfallen (= dem Untergehen) zu bewahren.« Das hat van Gogh ähnlich gesehen, wenn er Sterne klar als rollende Bälle malt. Spiritualisierte Feuerbälle, die man rotierend in der Luft halten muss. Und: Man ist auf die gegnerische Mannschaft *angewiesen*, sonst gibt es kein Spiel. Krieg dagegen führen Staaten auch ganz gern gegen *nicht vorhandene* Gegentruppen.

Wenn so die einen sagen, Fußball militarisiere, kann mit gleichem Recht geantwortet werden, Fußball zivilisiere kriegerische Potenziale. Als Kampfsport ist er in genau dieser

Weise ambivalent und kann in seiner Ausübung sowohl in die eine wie in die andere Richtung angelegt werden. Von einem Standpunkt aus, der absolut pazifiertes Körperverhalten als Voraussetzung der Zivilisiertheit ansieht, ist Fußball »brutal«: 22 durchtrainierte Typen ochsen full power aufeinander los, um sich dieses Ding abzujagen. Wenn das zufällig fünf Minuten lang elegant aussieht, reden großspurige Fußball-Ideologen gleich von Tanz und »Ballett«.

So kann man – abschätzig – sprechen. Wer andererseits einen bestimmten Pegel körperlicher Gewalt in der Gesellschaft als gegeben annimmt, der seinen Ausdruck und seine Betätigungsfelder sucht, kann Fußball geradezu als eins der bedeutendsten Mittel benennen, an der Zivilisierung dieser Gewaltpotenziale mitzuwirken. Exakter gesagt: 95% der Zuschauer in den Stadien bekämpfen Wochenende für Wochenende erfolgreich den eigenen Hooliganismus. Als Möglichkeit liegt er in ihnen wie in den manifesten Hooligans auch. Aber mit Hilfe von Zivilisierungsformeln wie: »Die andern können auch Fußball spielen« ... »Es kann nicht zwei Sieger geben« ... »Es geht nicht immer gerecht zu auf der Welt, aber meistens gleicht sich das aus« wird das Kriegerische in Spielern wie Zuschauern ständig heruntergefahren. Während »Krieg« ja heißt, so lange auf den Feind einzuschlagen oder einzuwirken, bis er sich nicht mehr rührt.

Den Spieler, der einem andern einen Knochen bricht, gibt es auch heute; aber damit ist die Grenze der körperlichen Gewalt ziemlich genau bezeichnet. Die Entwicklung des Spiels in friedlichere Richtungen ist dagegen nahezu unbegrenzt. In friedenstiftende Richtungen sogar: Ein Grundschullehrer vor einer Klasse mit deutschen, türkischen, griechischen, kroatischen und portugiesischen Schülern hat kein besseres Mittel, diese auf einer gleichen und gemeinsamen Ebene agieren zu lassen, als ein Fußballspiel. Fußball spielen sie alle. Der Portugiese mit den Rechtschreibproblemen womöglich besser als sein fehlerloser deutscher Nebenmann. Nirgendwo bekommen der Chilene oder Türke, die beim Rechnen die Aufgaben nicht verstehen, ihre Anerkennung, ihr »Erfolgserlebnis« leichter und auch neidloser, als beim Kicken. Wer gut spielt, spielt eben gut. Und wer nicht so gut spielt, befindet sich immerhin in einer nachvollziehbaren, von allen Spielern anerkannten sozialen Rangordnung, in der er seine Position verorten kann. Jeder Kick gegen den Ball entfernt die Beteiligten weiter vom ebenso möglichen Schlag auf die Nase des Kontrahenten. Gut – andere Spiele tun das auch, und vielleicht sogar besser. Bloß: *Alle* spielen Fußball. Schach, Schwimmen, Tennis betreiben nur ein paar.

Die erste grundsätzliche Verschiebung, die auch ein Kampfsport an der Form »Krieg« vornimmt, ist die Verwandlung von Feinden in Gegner. Gegner mit gleichen Rechten spielen gegeneinander. Die oberste Regel des Spiels sagt, dass die körperliche Unversehrtheit des andern genauso zu schätzen und zu bewahren ist, wie die eigene. Das geschieht im Spiel durch die permanente Umwandlung von Vernichtungspotenzialen in spielerische Techniken. Jedes Stückchen Technikzuwachs ist ein Stück Gewaltabbau. Ziel jedes vernünftigen Trainings ist die Erhöhung der technischen Fähigkeiten der Spieler – gepaart mit den notwendigen Kraft-, Ausdauer- und Taktikpotenzialen. Auf der Schiene der Entwicklung der Spieler zu Allroundspielern hat es hier im letzten Jahrzehnt eine Art Quantensprung in der Auffassung vom Fußball gegeben.

Der Trainertyp, der ein, zwei Klopper in seiner Mannschaft extra heranzieht und damit betraut, die filigransten Spieler der Gegenseite aus dem Spiel zu hauen, ist zwar noch nicht ausgestorben, aber er dominiert nicht mehr die Szene. Die Anweisung »Gib ihm auf die Knochen« kann sich fast niemand mehr leisten, weil sie, spätestens bei Vereinswechseln betreffender Spieler, öffentlich zu werden droht. Und geahndet würde. Es hat, auf Drängen der Vereine und der Spieler, eine Verschiebung in der Regelauslegung zu Gunsten der Techniker gegeben. Schiedsrichter auf internationaler Ebene – und diese wirkt letztlich normsetzend – sind angewiesen, besonders Attacken schärfer zu ahnden, gegen die ein Spieler sich nicht wehren kann: Grätschen von hinten, Wegtreten der Beine, Hineingehen mit gestrecktem Bein gegen einen Spieler, der seine angesetzte Bewegung nicht mehr bremsen kann. Es gibt die rote Karte auch für Aktionen, die als Verletzungsabsicht auslegbar sind.

Dies hat zu einer grundsätzlichen Zivilisierung des Spiels geführt. Wer dem Techniker bei der Ausübung seines Berufs, d. h. bei der Vorführung seiner überlegenen Kunststücke die Beine wegsenst, ist vom Platzverweis bedroht. Auch wenn man unterstellt, dass diese Verschärfung der Schiedsrichtermittel bei grobem Foulspiel nicht in erster Linie zum Schutz der Spieler entwickelt wurde, sondern im Interesse der Vereine, die es empfindlich trifft, wenn ihre hochgezüchteten Millioneneinkäufe zehn Spiele oder mehr in der Reha verbringen, oder sogar eine ganze Saison, kommt die Regelung doch letztendlich den Spielern zugute. Die Knochen der teuren Stars müssen einsatzfähig bleiben, sie müssen sich amortisieren wie andere Investitionen auch; also müssen die Einkäufe so weit intakt sein, dass sie spielen können.

Auch die Zuschauer kommen wegen der Namen. Große Namen scheinen große Spiele zu garantieren, und manchmal tun sie es tatsächlich. Zumindest grandiose Momente, wie jenes Tor Zinedine Zidanes im Champions-League-Finale 2002. Ein solch grandioser Volley aus 18 Metern in den Winkel – ungerecht zwar, denn er stellte den Spielverlauf auf den Kopf: Leverkusen war weit besser als Real und so viel näher am Sieg auch den Chancen nach – aber wenigstens war es kein Beschiss. Es war ein wirklich meisterlicher Schuss, der Madrid den Sieg brachte. Man muss es halt hinnehmen, dass der Verein verliert, mit dem man gezittert hat. Das ist zwar gemein und gleicht sich meistens *nicht wieder aus*. Nein, so eine Siegchance für Leverkusen kommt so schnell nicht wieder, sie kommt vielleicht *nie* wieder. Hätten sie aber nur dadurch gewonnen, auf Zidane einen Klopper angesetzt zu haben, einen Auftragskiller sozusagen, das wäre noch viel schlimmer gewesen.

Es ist der größte Friedensbeitrag des Fußballs im letzten Jahrzehnt, dass die Sensenspieler verschwinden. Die Spitzenspieler müssen durch technisch ebenso gute Deckungsspieler ausgeschaltet werden. Die Zuschauer erleben ihre Artisten dadurch in der Arena öfter live und quicklebendig; sie bleiben bis zur 95. Minute auf dem Feld und leiten in der 92. noch das entscheidende Tor ein oder schießen es selbst. *Niemand* sagt heute mehr, dass man nur »über den Kampf« ins Spiel komme. Höchstens in höchster Not. Wenn man ein paar Mal nacheinander verloren hat. Und die Zuschauer brüllen immer noch gern »Kämpfen, Schalke! Kämpfen«! Aber es lässt nach.

Eine ganz ähnliche Verschiebung der Aggressionspotenziale fiel mir auf in einem Fußballprojekt der Staudinger Gesamtschule in Freiburg, auf die unsere beiden Söhne gegangen sind. Die Schüler, dreißig und mehr Jahre jünger als ich, waren längst nicht so *geladen* wie die Schüler meiner Generation. Sie brüllten sich weniger an und foulten weniger. Die Pfeife brauchte ich nur selten – was sowieso schwierig war, wenn ich selber mitspielte, also »Partei« war. Ihr Verhalten in den schulischen und außerschulischen »Parallelwelten« fand ich ähnlich angelegt. Man liest immer vom *unerträglichen Anstieg allgemeiner Gewalt* in »heutigen« Schülergenerationen; »heutig« meint dabei von 1970 bis jetzt, eine Dauerklage. Aus meiner gesamten frühen Schulzeit, also etwa Alter sechs bis vierzehn, habe ich ganz anderes in Erinnerung: Es gab nicht eine einzige große Pause, in der nicht zwei Typen am Boden lagen und sich schlugen. Die andern drum herum feuerten sie an. Lehrer ruderten mit hochroten Köpfen, um die Streithähne zu trennen. Das war zwar nicht lebensgefährlich, niemand schlug den Kopf des andern aufs Schulhofpflaster, potenziell tötende Gewalt war absolut verpönt; aber die körperliche Auseinandersetzungsform war einfach *das Gegebene*. Und der Fußball entsprechend *ruppig*.

Der *allgemeine* Aggressionspegel heutiger Schülergenerationen scheint mir demgegenüber eher *gesunken* – abgesehen von Schulen in extremen Konfliktgebieten. Es gibt den Anstieg von Gewalt in bestimmten sozialen Problemzonen und besonders bei verschiedenen *Einzeltypen*. Wie beim Hooliganismus: allgemeiner Rückgang der Gewalt in den Stadien, dafür eine Verschärfung der Gewaltbereitschaft und schärfere Bewaffnung bei relativ kleinen Einzelgruppen und Einzeltätern.

Ein entsprechender Rückgang offener Aggression fällt auch in Diskussionen zwischen Studenten auf. Das hitzige Übertrumpfungsgerede meiner Generation ist ziemlich out. Man kann heute nach Vorträgen stundenlang mit Studenten an Kneipentischen sitzen, ohne dass jemand einen Streit vom Zaun brechen muss. Alles geht sehr diskursiv und nacheinander zu. Bei meiner Generation war alles sehr gleichzeitig, sehr übertönend, sehr durcheinander und immer an der Grenze verbaler Gewalt.

Überlappungen

In der technischen Neuorientierung und Zivilisierung des Spiels waren die Holländer eine Avantgarde, aber doch nicht ganz alleine. »Zweifellos war das funkelnde Liberospiel von

Franz Beckenbauer genauso stilbildend wie seine Weiterentwicklung durch Matthias Sammer, aber um sie herum blieben die Kollegen strenger auf ihre Positionen festgelegt als in anderen Ländern«, schreiben Biermann/Fuchs. Die Beobachtung der Autoren, dass der »Schöngeist« Heinz Höher in den 70er Jahren in Bochum Raumdeckung und Viererkette praktizierte, abgeschaut von den Holländern, dass Ernst Happel in Hamburg Pressing spielen ließ und damit 1983 mit dem HSV den Europapokal der Landesmeister gewann, lässt sich auf weitere Züge des Spiels deutscher Mannschaften der 70er und der späten 60er Jahre ausdehnen. Sie spielten modern, ohne es zu wissen, zumindest: ohne es auszusprechen. Anders gesagt: Einzelne Spieler waren weiter und schlauer als ihre Trainer. Das ist die Fußballparallele zu den Vorgängen in den Universitäten der 60er, wo das gleiche für das Verhältnis von Studenten und Professoren galt. Die Unterlegenheit Letzterer war so offenkundig, dass die avancierteren Studenten ihr Studienspiel gern ohne Profs organisieren wollten, so wie die Fußballer ihr Spiel lieber ohne Trainer.

Die Beckenbauer zugeschriebenen Sätze über die deutschen Europameister- und Weltmeisterteams von 1972/74, sie hätten »sich selber aufgestellt« und dazu ihres Trainers Helmut Schön nicht bedurft, sprechen von diesem Sachverhalt. Nur sind sie zu Unrecht oft als Sätze gegen Schön ausgelegt worden. Schön war einer der wenigen Trainer, vielleicht sogar der einzige in Deutschland, der *sah,* dass seine Spieler Dinge machten, von denen die Trainer ihrer Vereine nicht einmal träumten. Dass die Spieler weiter waren als das allgemeine fußballerische Denken. Er ließ sie also machen, spielte nicht den Autoritätsverteidigungshansel (wie die Rektoren der Universitäten) und wurde so (als angebliches trainerisches Leichtgewicht) zu einem der weltweit erfolgreichsten Trainer von Nationalteams. Seine größte Fähigkeit lag darin, die individuelle Beweglichkeit seiner Spieler – wo immer die sie her hatten – nicht zu bremsen.

Man kann das an Einzelkönnern wie Overath sehen, den Schön (nicht umsonst) besonders schätzte. Overath schlug seine langen präzisen Pässe, dafür ist er bekannt. Nicht so in Erinnerung ist sein besonderes Mittelfeldspiel. Wenn sich ein deutscher Außenstürmer vorne festgelaufen hatte, dann sah er wenigstens einen anspielbaren mitgelaufenen Spieler, der ihn aus der Not erlöste, oder etwas weiter innen einen zweiten, so dass sie jetzt ein Dreieck bildeten, mit dem der Angriff neu aufzubauen war. Einer dieser beiden hieß immer Overath: ein Mittelfeldspieler, der da zu finden war, wohin ein vorne blockierter Stürmer den Ball gern würde zurückspielen wollen. Und war der Ball vorn verloren worden, dann war es Overath, der den Aufbauspieler angriff, bevor jener den Ball recht unter Kontrolle hatte. Oft wurde das Leder auf diese Weise zurückerobert: zwei Spielweisen, die heute unter den Namen »Überzahl in Ballnähe« und »Pressing« zu den Modewörtern sogar der Stammtischtrainer gehören, die aber damals weder jemand kannte noch gewillt gewesen wäre, ein »Wort« dafür zu finden, was jemand wie Overath auf dem Platz veranstaltete. Der war halt »ein Guter« und damit hatte sich's. Tore wie Ballack schoss er zu seinen besten Zeiten auch noch. Für mich also jederzeit einsehbar, dass Helmut Schön den Overath einem Helmut Haller oder Günter Netzer vorzog, wenn die Plätze im Mittelfeld angesichts eines Überangebots von guten Spielern knapp wurden. Offensiv war Haller gleich gut, im Einzelpass manchmal genialer, brasilianischer im Dribbling und ein wenig torgefährlicher, aber wer hätte ihn (oder gar Netzer) je Pressing spielen sehen? Wer Bälle zurückerobern? Wer ihn auf die Flügel hetzen sehen, um Rückpässe aufzunehmen? Auf ihre sehr individuelle Weise waren die besten der deutschen Spieler keineswegs ihrer europäischen Konkurrenz gegenüber rückständig; waren ihre Erfolge also auch kein Zufall. Sie waren allerdings viel theorieloser, d. h. ohne den nötigen Rückhalt bei den meisten ihrer Fußballlehrer.

Nur Beckenbauer, der das Liberospiel »erfand«, ging in den allgemeinen Theoriefundus über. Paul Breitner, der zur gleichen Zeit und ähnlich effektiv den stürmenden, flankenden wie Tore schießenden Außenverteidiger in Deutschland auf die Bühne brachte (gefolgt von Berthold und Kaltz), war solche Würdigung nicht vergönnt. Mit gebaut an diesem Typ haben Giacinto Facchetti unter Trainer Helenio Herrera bei Inter Mailand und der Brasilianer Carlos Alberto.

Wer die Spiele der deutschen Nationalmannschaften zwischen 1974 und 1990 analysiert, wird sehen, dass ein großer Teil ihrer knappen Siege sich auf Aktionen dieser stürmenden Außenverteidiger aufbaut; dazu kam bald der torgefährliche Andy Brehme. Wir hatten auch Mittelfeldspieler wie Bonhof, stark in der Defensive, gepaart mit überfallartigen offensiven Vorstößen, der in einer Art Blitzkarriere das gängige Mittelfeldspiel zum Allrounder hin umkrempelte. Es gab hängende Stürmer wie Hoeneß, die sowohl über die Flügel gehen wie auch steil geschickt, 50 m vor dem Tor angespielt werden, mit dem Ball am Fuß einen Verteidiger umkurven und zum erfolgreichen Abschluss kommen konnten: also die Aufgaben einer genuinen Sturmspitze erledigen.

Und man erinnere sich, wo Rudi Völler sich überall herumtrieb und gefahrbringend anspielbar war. Ähnlich Klinsmann. Keine Spur vom positionshaltenden Mittelstürmer Seelerscher Art. Genauso wenig bei Gerd Müller, der zwar vom Typ her ein Strafraumspieler war, aber auf diesem beengten Raum immer da auftauchte, wo gegnerische Verteidiger ihn gerade nicht erwarteten. Die berühmte Torfabrik der Gladbacher Fohlen praktizierte 1975 ein astreines Kurzpassspiel, wie es international dann der FC Barcelona und der AC Milan im

Bewusstsein der Fußballmassen verankerten, und wie es Volker Finke erst 15 Jahre später in der deutschen Fußballdebatte tat.

Die modernen oder auch »aufgeklärten« Spielweisen waren also durchaus auch in Deutschland da, wie anders wären die Erfolge deutscher Mannschaften sonst erklärlich. Sie kamen eben *nicht* nur durch die so genannten deutschen Tugenden zustande, Kampf, Ausdauer, Glück. Es waren ein bis zwei Dutzend Ausnahmespieler, die es aus der Luft der Stadien aufgegriffen hatten, was die Spatzen anderswo schon öffentlich pfiffen: die neuen Spielanlagen und Taktiken. Aber eben nur *einzelne Spieler* waren so »modern« und einige Trainer mit glücklicher Hand, die das nicht störten. Ins allgemeine Theoriebewusstsein ging so gut wie nichts davon über. Errungenschaften einzelner Spieler wurden nicht als grundlegende taktische Neuerungen erkannt und entsprechend auch nicht gelehrt. Vor allem aber, und dies ist vielleicht das folgenreichste Versäumnis, nahm die fußballschreibende bzw. fernsehberichtende Reporterkaste all dies kaum wahr und nicht in ihr Repertoire von Spielbeobachtungskriterien auf. Und Vorgänge, für die man keine Wörter entwickelt hat, verschwinden wieder. Unbenannt.

Up Above My Hair, There's Music In The Air

Wo hatten die Spieler es her? Sie hatten es aus der Luft. Sie hatten das neue Spielen begriffen, wie sexuelle Revolution, wie Feminismus, wie Ökologie von Leuten begriffen wurde, die auch nie darüber belehrt worden waren. Da war kein Seminar und kein »Wortführer« groß notwendig. Es sind die paradoxen Dinge von der Art, dass ein ehemals naturwüchsiger CSU-Anarch wie Beckenbauer in der Lage ist, das Fußballrevolutionäre zu begreifen, zu praktizieren und weiterzugeben, ohne es je recht bedacht, geschweige denn durchformuliert zu haben. So etwas ist nur im Licht schematischer Denksysteme »paradox«, in denen das Widersprüchliche immer irgendwie »aufzugehen« hat. Widersprüche im Wirklichen lösen sich aber meist *nicht* auf, sie wirken und bleiben bestehen und nur selten werden sie den Beteiligten bewusst.

So entstehen manche Neuerungen in einer Gesellschaft (oder im Fußball) und verschwinden wieder, ohne dass sie jemand recht wahrgenommen hätte. Selten werden sie im Moment ihrer Entstehung erkannt, noch seltener werden sie theoretisiert. Natürlich war von der Kameradschaftsabend-Psyche der landesüblichen Sportreporterherde eine solche Arbeit nicht zu erwarten, trotzdem schade, dass sie nicht stattfand. Sie fand so wenig statt, dass ein aufgeklärter Trainer wie Ottmar Hitzfeld sich heute noch wundert, wie in deutschen Medien über Fußball diskutiert wird: »Wir lesen dort unendlich viel darüber, welch exorbitante Summen Fußballspieler verdienen und wer gerade angeblich Streit mit wem hat.« Typische Themen der Klatschpresse also.

Dazu gehört auch der Komplex »wer auf der Bank schmoren muss«. Wenn aus einem Kader von bis zu 30 Spielern immer nur 11–14 zum Einsatz kommen können, ergibt das bei 18 Erstligaclubs jede Woche mindestens 100 Spieler, die als »gekränkt« gelten können, weil der Trainer sie nicht aufgestellt hat. Einer oder zwei davon reichen, den im jeweiligen Blatt zur Verfügung stehenden Fußballplatz mit Blödsinn zu füllen. Von der Dominanz solcher Boulevardverfahren hat das Schreiben über Fußball in Deutschland (wie auch in England) sich nicht lösen können. Anders bei den weiteren großen Drei in Europa, Frankreich, Italien, Spanien. Dort haben sich

Sport-Tageszeitungen etabliert, die zwar auch Boulevard sind, aber Spielanlage und Taktiken in nationalen wie internationalen Vergleichen ständig thematisieren. Hitzfeld: »Erstaunlicherweise erfahren die Fußballfans in Deutschland darüber weit weniger als die in anderen Ländern. In Italien oder Spanien, in England oder allemal in Holland ist die ausführliche Erörterung taktischer Zusammenhänge hingegen ein selbstverständlicher Bestandteil der öffentlichen Diskussion über Fußball.« Frankreich wäre hinzuzufügen, aber auch Dänemark nicht zu vergessen. »Warum das bei uns so wenig entwickelt ist, weiß ich nicht«, sagt Hitzfeld. Die »deutsche Mentalität« fällt ihm ein als Grund, die kämpferische Einstellung, der Kampf Mann gegen Mann, der Zwang zum Gewinnenmüssen.

»Deutsche Tugenden«

Der Zwang zum Gewinnenmüssen, der auf dem besten Weg ist, bei der heutigen Spielergeneration ins Kontraproduktive umzuschlagen, ist Produkt einer alten Schichtung, die sich erst langsam abbaut. Die deutsche »Mentalität« des Leistung-Forderns, des Kämpfens und Gewinnenmüssens, hat ihre Wurzeln außerhalb von Fußballplätzen. Wer sich in deutscher Kriegsgeschichte auskennt, wird die Parallelen sofort sehen. In zwei Weltkriegen gehörte es zum Kern deutscher Propaganda (nach innen und nach außen), dass der Krieg durch die überlegene Kampfkraft des deutschen Soldaten entschieden werde, der mit seiner kämpferischen Einstellung und »Moral« die materielle Überlegenheit der Gegner (in Öl, Stahl, Kohle, Schiffen, Flugzeugen und Soldatenmenge) wettmachen sollte – bis zum schließlichen Endsieg.

In Krieg führenden Gesellschaften, und die deutsche war 75 Jahre lang eine primär militarisierte, kann es nicht ausbleiben, dass Züge des Soldatischen auch für andere Gesellschaftsbereiche bestimmend werden. Besonders für solche, in denen es *sowieso* (auch) um Kampf und Sieg geht, wie den Fußball. Bei Christiane Eisenberg, *Fußball, soccer, calcio,* ist nachzulesen, wie der Fußball speziell im Deutschland der Jahre 1914–1945 ganz bewusst vor allem unter dem Aspekt seines Nutzens für die Militarisierung des Landes theoretisch »durchdacht« wurde.

Dass sich eine solche »Mentalität« fußballerisch besonders in großen Turnieren entfalten konnte, liegt auf der Hand. Dort sind die spielerischen Ressourcen überschaubar, dort ist ein Terminkalender gesetzt, kein Gegner kann jahrelang (wie im Krieg) Material und Menschen nachschieben, vier Wochen (geballte) Kampfkraft sind abrufbar, vier Wochen Turnierkasernierung sind für eine solche »Mentalität« kein Problem, sondern sogar leistungsförderlich. Turniere, besonders Welt-Turniere, konnten so von deutschen Mannschaften gewonnen werden, anders als Welt-Kriege. Ihren Ruf als große Turniermannschaft trägt die deutsche Mannschaft also nicht zufällig und zu Recht. Mit Dauerleistungen über eine ganze Saison, besonders in europäischen Zusammenhängen, sieht es schon weniger rosig aus. Die deutsche Bundesliga verlor in den letzten Jahren einen Champions-League-Platz an die englische Premier League und droht weiter abzurutschen.

Als lange Zeit »weitgehend modernisierungsresistent« haben Biermann/Fuchs den deutschen Fußball besonders aufgrund der großen Erfolge der Nationalmannschaften und Vereinsteams in den 70ern gesehen: »Systematische Mängel wurden lange durch eine Mischung aus individuellem Talent, Willenskraft und wesentlich intensiverem Konditionstraining ausgeglichen. Zudem waren die Spieler durch die

Schule vierschrötiger Trainer gegangen, die ihnen das Kratzen, Beißen und Siegen-Wollen beibrachten, unterfüttert von einem Trainingsumfang, der deutsche Kicker im Zweifelsfall am längsten laufen ließ.«

Mit Helmut Schön kam jene Modernität ins System Fußball, die sich in der Umgangssprache im Wörtchen »cool« Ausdruck suchte. Schön war der erste coole Trainer. Der erste, der offenkundig nicht mehr brüllte. Ein Mensch, der nicht mehr vom Militär herkam, der sich weder mit einem Offizier noch mit einem Dompteur verwechselte und sich auch den bis dahin tendenziell militarisierten Medien gegenüber komplett unabhängig und cool verhielt. *Bild*-Reporter mit übergriffigen Fragen bekamen schlicht keine Antwort, andere aufdringliche Reporter ebenso wenig. Im Fernsehstudio saß er wortkarg und reagierte unwirsch, wenn eine Frage den Boden des Fußball-Fachlichen verließ. Der dämliche Frager wurde mit einem Augenbrauenzucken abgewiesen. Schön war die erste Inkarnation der bis dahin sehr unwahrscheinlichen Idee, dass ein Fußballtrainer ein vernünftiger Mensch sein könne. Dass er seine Mütze fast immer aufbehielt, hieß auch, dass er keinen Hut vor irgendeiner unfußballerischen Herrschaft zog.

Teil III
Parallelwelten

Filmkritik

ELF DER STUNDE (WELTELF)

Lerner
Ozu Bresson Straub Ford
Godard Vertov
Mizoguchi Hitchcock Dovshenko Hawks

Reservebank: Chabrol, Renoir, Cocteau *(Tor)*, Rossellini, Antonioni.

DEUTSCHLAND

Siodmak*
Straub* Valentin Lubitsch* Sierck*
Wyborny**** Lang*
Dudow Ophüls* Murnau*** Wenders**

** Vertrag nicht verlängert, Transfer ins Ausland. ** z. Z. verletzt. *** Sportinvalide. **** Lizenz nur als Handballer.*

AMERIKANISCHE WILDE LIGA

Barbara Loden
Griffith Stroheim Sternberg Hawks
Huston Lerner
Ford Fuller* Hitchcock Bibermann**

** für Gastspiele in der Bundesliga gesperrt. ** für die Profiliga lebenslang gesperrt wegen Beleidigung des Vorstands und Zeugwarts.*

Lesen auch Sie die Filmkritik,
Westdeutschlands große Kulturzeitschrift.
Jeden Monat neu.

Filmkritik, herausgegeben und verlegt von der Filmkritiker Kooperative, Kreittmayrstraße 3, D-8000 München 2. Preis eines Heftes: DM 5.50. Jahresabonnement: 51 DM (Studenten und Schüler: DM 46.80) zuzüglich Porto (Inland: DM 4.20, Ausland: DM 8.20). Bestellen Sie ein kostenloses Probeheft.

Die Redakteure der *Filmkritik* 1979: voll gefangen im 4-2-4-System.

Die von Norbert Seitz festgestellte Parallelität im »Regierungsstil« deutscher Bundeskanzler und deutscher Fußball-Bundestrainer springt geradezu ins Auge. Seitz' Idee, dass Adenauer, der autoritäre »Alte«, und der »Chef« Sepp Herberger ein ähnliches Verbund-Pärchen gebildet hätten wie die liberaleren Zwillingstypen Helmut Schön und Willy Brandt, leuchtet unmittelbar ein. Ebenso, dass der frühe Helmut Kohl in »Häuptling Silberlocke« Jupp Derwall, und der späte Kohl im »ewig beleidigten« Hans Hubert Vogts seinen kongenialen Zwillingsbegleiter hatte. Franz Beckenbauer als Sieger der WM 1990 stellt sich wie von selber dem Wiedervereinigungssieger Kohl an die Seite.

Beckenbauer hatte sich im Rausch des Sieges dazu hinreißen lassen, die deutsche Nationalelf »auf Jahre hinaus« für unschlagbar zu erklären. Mit der Begründung, das ganze DDR-Potential käme zum siegreichen westdeutschen dazu. Dieses Versprechen entsprach Kohls »blühenden Landschaften«. Bekanntlich lief es etwas anders. Aber die tatsächlichen Rückschritte im deutschen Fußball der 90er Jahre parallelisieren genau Kohls Politik: Etikettenschwindel von deutscher Überlegenheit und »Aufschwung Ost« bei tatsächlichem Zurückbleiben der Deutschen sowohl in der wirtschaftlichen wie in der fußballerischen Entwicklung.

Der Kabarettist Matthias Beltz zog 1990 eine ganz große Parallele, als er die bis dahin vergangenen Jahre des 20. Jhds. in »Spielminuten« übersetzte: Deutschland, nach der ersten Halbzeit im Jahr 1945 vernichtend geschlagen, ist im Jahr 1990 Matchwinner – bei der WM und im Kalten Krieg. Das ganze *politische Jahrhundert* hätte so die fußballerische Wahrheit unterstrichen, dass Deutschland meistens am Schluss seine

(Glücks-)Treffer landet. Das Übertragungs-Spiel hat seine unabweisbaren Attraktionen.

Man soll sich aber von manchen Evidenzen nicht zu einer *Engführung* solcher »Parallelitäten« verlocken lassen. Ganz genau betrachtet wird man ebenso viele Züge finden, in denen die Parallelität gerade *nicht* stimmt, wie solche, in denen sie *genau* zu stimmen scheint. Ribbeck und Schröder erscheinen auf den ersten Blick zwar geradezu zwillingshaft als zwei große Blender. Ribbeck, der Pseudo-Stenz mit dem Beinamen »Sir«, als Zwilling des Armani-Schröder – zwei Brüder in gefälschter Eleganz. Man braucht sie nur neben einen wirklich Eleganten zu stellen, den Argentinier Cesar Luis Menotti, und die Fälschung springt ins Auge.

Auf den zweiten Blick weichen Ribbeck und Schröder aber sehr voneinander ab, zumindest in puncto Stehvermögen. Der eine ist längst gefeuert, der andre scheint ewig die Pille im Strafraum herumschieben zu wollen. Und mit einer Parallelisierung von Völler und Schröder habe ich vollends Schwierigkeiten. So gut wie Völler als Fußballer ist Schröder nie irgendwo gewesen. Und einen »Vizeweltmeister« kann ich in der Schröderhaut auch nicht entdecken.

Offenkundiger sind Parallelen zwischen der diktatorischen Führung vieler Mitgliedsländer des Weltfußballverbandes und den diktatorisch-korrupten Führungsstrukturen der FIFA selber unter ihrem ehemaligen Präsidenten Joao Havelange (sowie auch des Olympischen Komittees unter seinem Präsidenten Samaranch). Wo solche Parallelitäten zu deutlich zu werden drohen, wie die Zusammenarbeit von Fußballführung und Militärdiktatur bei der WM 1978 in Argentinien, versuchen die Funktionäre beider Sparten, sie zu ignorieren. Deutsche Fußballfunktionäre »übersahen« gnädig die politische Lage in Argentinien. Anders die Holländer, die das Problem diskutierten und einen Boykott der WM 1978 immerhin erwogen. Johan Cruyff war ganz froh, dass er vorher schon seine Teilnahme abgesagt hatte. Vom Endspiel 1978 selber in Buenos Aires erinnern holländische Spieler sich vor allem an die ungeheuer aufgeladene Atmosphäre. Im Gespräch mit David Winner bezweifelt Johnny Rep, ob das holländische Team bei einem Sieg über die Argentinier lebend ins Hotel gekommen wäre. So betrachtet war Rob Rensenbrinks Pfostenschuss in der letzten Minute vielleicht lebensrettend. – Als Diego Maradona dann 1986 Argentiniens zweiten WM-Titel Fidel Castro und Kuba widmete, war dies die gelungene Umsetzung des endlich geschehenen Sturzes der argentinischen Militärdiktatur ins Fußballerische – was in diesem Fall wohl heißt: ins Herz *aller* Argentinier.

Es gibt zunehmend Reporter, die Beobachtungen in diesem Feld machen und wie selbstverständlich in ihre Artikel einfließen lassen, ohne den Komplex groß theoretisch zu durchdenken. Manchmal selbstparodistisch, etwa wenn man über die personellen Umbrüche bei Schalke 04 unter Assauer und Heynckes den Satz zu lesen bekommt: »Der FC Schalke wirkt wie die SPD der Hartz-Reformen.« So ein Freistoß ist etwas in die Wolken gedonnert, aber immerhin ist es ein *Schussversuch*. Und der kann auch im Winkel landen, wie der Strafstoß der *tageszeitung*, die Bayern-Chef Karl-Heinz Rummenigge attestierte, er profiliere sich als ein fußballeuropäisch herumholzender »Möchtegern-Berlusconi«. Die Idee war mir auch schon gekommen. (Dabei war Rummenigge am Ball ein so *filigraner* Spieler!)

»Angestelltenfußball«: Fußball und gesellschaftliche Entwicklungen

Genauer als an den Bundeskanzler-/Trainer-Pärchen lassen sich Parallelen zwischen Fußball und Politik an allgemeinen gesellschaftlichen Entwicklungen darstellen. So vollzog sich in den 80er Jahren, zeitgleich mit Jupp Derwalls Bundestrainerjob, in deutschen Industriebetrieben, Handwerksbetrieben und kommunalen Verwaltungen die Umstellung der Arbeitsorganisation von Vorarbeiter- und Vorschriftsstrukturen zu mehr Teamarbeit und kooperativen Arbeitsgruppen; insgesamt zu einer Angestellten-Kultur mit Betonung gesteigerter Eigenverantwortung avancierter Angestellter. Bundestrainer Jupp Derwall entsprach in mehreren seiner öffentlichen Aktionen der neu propagierten Struktur von »Führungskräften« nicht. So warf er nach der gewonnenen EM 1980 mit Bernd Schuster den begabtesten Fußballer jener Zeit aus seinem Kader. Warum? Wegen dessen Nicht-Erscheinen zur Einweihungsparty des neuen Hauses von Hansi Müller in Stuttgart. Die deutsche Elf hatte in Stuttgart gespielt. Schuster wollte/musste zurück nach Barcelona. Derwall feuerte ihn, weil Schuster, entgegen anderslautendem »Befehl«, dem Umtrunk bei Hansi Müller fernblieb. Der (abweichende) Angestellte Schuster kommt nicht zum Bierabend beim (willigeren) Angestellten Müller und fliegt aus der Nationalelf.

Dies war ein falsches Zeichen. Es verwies auf eine Arbeitswelt-Struktur, die gerade unterging. Es war auch der Schritt, mit dem sich Derwall das eigene Grab schaufelte. Seine Misserfolge bei der EM 1984 wurden auch der Tatsache zugerechnet, dass er es sich geleistet hatte, aus nichtigen *disziplinarischen* Gründen auf seinen Besten (Schuster) zu verzichten.

Einem ähnlichen Ehren-Kodex aus (alter) Angestelltenmoral folgte die Entscheidung von Bundestrainer Vogts, seinen Star Effenberg wegen des so genannten Stinkefingers von der WM 1994 in den USA nach Hause zu schicken. Effenberg hatte sich über Fans erbost, denen ein knapper 3:2 Sieg gegen Südkorea nicht gereicht hatte, bei dem die deutsche Mannschaft einen 3-Tore-Vorsprung fast noch verspielt hatte, aber trotzdem als Gruppensieger die nächste Runde erreichte. Effenberg war ausgewechselt worden und zeigte den pöbelnden Fans den Finger. Aber: Man beleidigt keine *mitgereisten* Angestellten, die ihr mühsam Erspartes als WM-Jubler in den USA ausgeben.

Derwall und Vogts waren »unangenehme« Bundestrainer, weil sie sich zu Vollstreckern erzieherischer Normen machten, die gesellschaftlich überholt und im Absterben begriffen waren (selbst wenn im Falle Vogts DFB-Chef Egidius Braun die treibende Moral-Kraft gewesen sein mag). Helmut Schön wäre *nie* so unklug (oder: rückständig) gewesen, einen Breitner oder Hoeneß, die nachts von unerlaubter Zecherei zurückkamen, am nächsten Morgen der Presse zu verpetzen. Und siehe da, die Journalisten, die Wind davon bekamen, hielten ebenfalls ihren Mund, zumindest für die Dauer des Turniers.

Beckenbauers Rauswurf von Uli Stein bei der WM 1986 in Mexiko funktionierte anders. Stein wollte spielen, aber Beckenbauer zog Toni Schumacher vor. An Qualität standen sich die beiden Keeper in nichts nach, aber spielen kann eben nur einer. Der wollte Stein sein. Als er merkte, er würde es *nicht* sein, stellte er sich den Rückfahrschein aus, indem er Beckenbauer öffentlich *Suppenkasper* nannte. Er machte den Trainer lächerlich und der reagierte. Schuster und Effenberg hatten keineswegs ins Autoritäts- und auch nicht ins Mannschaftsgefüge eingegriffen. Ihr Rauswurf erfolgte aus den Anstandsvorstellungen von Derwall und Vogts, sie flogen zur Aufrechterhaltung einer willkürlichen Etikette. Stein flog aus

Gründen der Aufrechterhaltung eines Minimums an Turnierdisziplin.

Steins Rauswurf schadete Beckenbauer daher auch nicht im Mindesten, während der Rauswurf Schusters und Effenbergs einen erheblichen Beitrag zum Ende von Derwall und Vogts als Nationaltrainern lieferte. Sie huldigten überholten Vorstellungen von Kameraderie und öffentlichem Anstand und wurden entsprechend belehrt

Regel: Wer mitbekommt, was sich im Fußball wann und wie verschiebt, ist über andere Gesellschaftsbereiche *osmotisch* informiert.

So stellte sich im Rückgang der Bedeutung des Ruhrgebietsfußballs auch die seit den 50er Jahren immer weiter fortschreitende politische Entmachtung der Arbeiterbewegung dar. Der Ruhrgebietsfußball gab seine nach dem Krieg zunächst dominante Rolle ab an die Bayern und an Mönchengladbach – die Handwerks- und Provinzzentrale auf der linken Seite des Rheins. Dem entspricht der Rückgang traditioneller Ruhrgebietsindustrien oder sogar ihr Verschwinden, Hoesch in Dortmund etc. Die Erfolge Schalkes und Dortmunds in den 90er Jahren, Uefa-Cup-, Champions-League- und Weltpokalsieg sind nicht mehr auf Kohle und Stahl gebaut. Die erweiterten oder neuen Service- und Event-Arenen geben eher die Wiederbelebung des Ruhrgebiets als Technologie- und Dienstleistungszentrum wieder. »Andererseits konnte und kann – vornehmlich im tiefen deutschen Westen – auch der Malocher zum Liebling der Massen aufsteigen, weil sie sich und ihre Arbeit in ihm wieder erkennen«, schreiben Biermann/Fuchs. Man kann das eine *Mythologisierung* nennen. Auch das ist ein allgemeiner gesellschaftlicher Verarbeitungsvorgang: Wo die reale politische Bedeutung einer Sache schwindet, tritt – wenn man sie bewahren will – ein *Mythos* an ihre Stelle. Fußball, politische Welt, Popwelt sind voll von solchen Mythen.

Extravaganzen. Nervenzusammenbrüche

Das Problem der *Führungsstruktur*, des *richtigen Wegs* zwischen Führungsrolle des Trainers und kooperativem Aufbau des Trainings, hat sich auch heutzutage keineswegs erledigt. Immer wieder kommt es vor, dass eine Vereinsführung zumindest vorübergehend einen renommierten Trainer mit Dompteursvollmachten ausstattet, die jener dann auch gebraucht. Viele Frankfurt-Fans werden sich an den deutlichsten dieser Fälle erinnern, als Jupp Heynckes eine Eintracht-Mannschaft, die sich gerade zu einem Meisterschaftsanwärter entwickelt hatte, binnen eines Jahres komplett ruinierte, indem er ihre Zauberfußballer im Handumdrehn aus dem Team vertrieb. Yeboah und Okocha entsprachen nicht Heynckes' Vorstellung von Trainings- und Spieldisziplin, und Heynckes kehrte den Machthaber raus. Die beiden mussten gehen und Heynckes machte die Mannschaft wieder zur Diva unter den Abstiegskandidaten.

Führungs- und Disziplinarkriege mit den Stars der heutigen Spielergeneration enden für die Vereine regelmäßig mit Niederlagen. Selbst wo Klubs in einer Auseinandersetzung juristisch dominieren, gilt, dass sie die Spielfreude, und damit die Effektivität des Spielers auf dem Platz, nie wieder zurückbekommen. Komplizierte Spieler nach dem Buchstaben von Angestelltenverträgen oder gar nach Benimm-Regeln zu behandeln, ist ähnlich kontraproduktiv wie ein entsprechender Umgang mit Mitarbeitern im Betrieb oder in Wissenschaftsteams. Talentierte *Spieler* in allen Bereichen wollen nicht nur kooperativ behandelt werden, sie wollen gewisse Freiheiten, die man auch *Extravaganzen* nennen kann. Trainer und Geschäftsführer, die mit diesem Typus nicht umgehen können, bekommen Probleme, ganz gleich in welchem Arbeitsbereich.

Extravaganz bezeichnet dabei nur die eine Seite des sich verändernden Spielerverhaltens. Auf der andern Seite heißt das: Die Spieler haben *Nerven* und zeigen sie auch. Ob sie Jan Simak heißen, Sebastian Kehl oder Sebastian Deisler. Zu viel öffentlicher Druck plus Druck hinter den Kulissen führt zu Kurzschlussreaktionen auf dem Feld, Platzverweisen und Sperren, oder, im schweren Fall, in die Psychiatrien. Der ultimative Ton, in dem Uli Hoeneß »nun endlich mal« die erwartete (und im Voraus hoch bezahlte) Leistung des langzeitverletzten Sebastian Deisler zu Beginn der Saison 2003 einklagte, war schwer zu überhören. Als hätte Deisler nicht am meisten darunter gelitten, dass ihm die Bänder seines Knies schon die WM 2002 vermasselt hatten. Gerade an Deisler, der ein hochgezüchtetes Produkt der moderneren deutschen Talentförderungsverfahren ist, seit Jahren immer unter Kamerabegleitung, sind die Belastungen dieses Werdegangs für junge Spieler eindrücklich zu studieren. Es sind Artisten unter Dauerbeobachtung, Dauerbewertung und Dauerberechnung ihrer körperlichen Leistung sowie ihres Geldwertes. Sie tragen bei ihren Dribblings ziemlich hohe Hypotheken auf dem Platz spazieren.

Erfolgreiche Anwälte und zu Verwaltungsspezialisten mutierte Ex-Spieler, wie sie oft die Vereinsführungen bestücken, laufen Gefahr, das Talent ihrer Ballartisten durch eine Überdosis kühler Sachlichkeit zu behindern oder zu zerstören. Mir leuchtet jedenfalls ein, dass Sebastian Deisler seine Klinik-Auszeit bei einer vergleichsweise kleinen Verletzung nahm, gerade als er sich auf dem Weg *zurück zu guter Form* befand. Er hat gerade gezeigt, dass er es noch drauf hat, bevor er sich traute, den Befund »Depression« offen in den Mund zu nehmen.

Um ein paar Wochen später aus dem Mund von Edmund Stoiber zu vernehmen, er sei die größte Fehlinvestition in der Geschichte des Vereins. Stoiber ist nicht nur Ministerpräsident des Landes Bayern, er ist auch Vorsitzender des Verwaltungsbeirats des FC Bayern: Landes- und Fußballpolitik nicht in Parallelen, sondern in Personalunion.

Fälle wie die von Sebastian Deisler dürften zunehmen, wenn Vereinsführungen in der Rolle kalter Arbeitgeber nicht aufhören, im Konfliktfall den einzelnen Spieler als abhängigen Angestellten und gut bezahlten Arbeitssklaven zu betrachten. »Krankheit verboten«, psychische zumal. Man erfährt, dass der Vorstand des FC Bayern Privatdetektive auf Deisler angesetzt hatte, zur Überwachung von dessen Lebenswandel und zur Ausspionierung »falscher Freunde«.

Die Millionen, die man dem Spieler aufs Konto gezahlt hat, sind zur Rechtfertigung gerade dieser Art des Umgangs kein Argument. Die Psyche des Spielers folgt im Fall des Misserfolgs und bei Verletzungen nicht seinem Kontostand. Sie folgt seinem Selbstwertgefühl. Den Hut, den Vereine vor ihren labilen »hochgezüchteten« Superspielern, denen sie schließlich ihre Meisterschaften verdanken, öfter mal zu zücken hätten, lüften sie kaum einmal. Vermutlich, weil sie zu sehr in politisch bestimmten traditionellen »Führungsideen« feststecken. Eine Untersuchung von »Führungskräften« in Deutschland ergäbe einen PISA-SUPER-GAU. Michael Ballack wird unter Günter Netzers donnerndem Ruf nach »Führungsspielern« von Spiel zu Spiel schwächer. Der Abbau des Sozialstaats hat seine Varianten im Fußballgeschehen.

Interessant ist die Frage, wie der an Bedeutung zunehmende Frauenfußball in den laufenden gesellschaftlichen Verschiebungen zu verorten wäre. Nationaltrainerin Tina Theune-Meyer knüpft wie selbstverständlich da an, wo ein Typ wie Helmut Schön aufgehört hat: sachlich, fußballorientiert, zivilistisch, obwohl sie einige Bundeswehrsoldatinnen im Kader hat. Die Mannschaft selber spielt einen guten Kurzpass-Kombinationsfußball, gestützt auf starkes Zweikampfverhalten.

Der Qualitätssprung der letzten acht Jahre ist fulminant. Wäre der Frauenfußball ein Gradmesser für politische oder wirtschaftliche Entwicklungen, Deutschland wäre *das* Aufschwungland, wie es sich die Politiker in ihren Tagträumen wünschen. Mayer-Vorfelder, fußball-populistisch die Nase immer vorn, jettete 2003 jedenfalls zum WM-Triumph der deutschen Frauen nach L. A.

Um eine verlässliche Parallelwelt zum »Politischen« darzustellen, fehlt dem Frauenfußball aber (noch) die Aufmerksamkeitsmasse. Vielleicht bezeichnet er aber schon bedeutsame Unterströmungen. Für heute zehnjährige Fußballerinnen dürfte das Frauen-Weltmeisterteam Ausrichtungs-Funktion bekommen. Sollte es irgendwann eine deutsche Bundeskanzlerin geben, wäre ihr eine deutsche Weltmeister-Trainerin auf jeden Fall vorausgegangen. Ein Paar aus strukturellen Ähnlichkeiten à la Schön/Brandt bilden Angela Merkel und Tina Theune-Meyer aber nicht. Jedenfalls sind mir Züge, die der machtpolitischen Verschlagenheit der Politikerin entsprächen, bei der Bundestrainerin bisher nicht aufgefallen. Ich habe überhaupt *noch nie* ein blödes Wort von Theune-Meyer gehört.

Humptata hier, Humptata da

Das Spiel mit den Parallelitäten kann man auf diverse Realitätsfelder ausdehnen, auf Musik- und Politik-Unterhaltung etwa, momentan repräsentiert von den Figuren Dieter Bohlen und Gerhard Schröder. Das scheinmodernistisch-populistische Humptata Dieter Bohlens hat seine Entsprechung in Schröders als Schein-Modernität garnierter Beseitigung letzter Reste sozialdemokratischer Lösungsversprechen für soziale Probleme – garniert mit dem Populismus »notwendigen Verzichts«. Bohlens Musik löscht alle Errungenschaften der Jazz- und Rockgeschichte seit den frühen 40er Jahren aus; bei Schröder sind es die Reste eines gewissen Sozialvertrauens, aufgebaut nach dem Zweiten Weltkrieg, die in einem rot-grünen Sachzwangs-Humptata abgeführt werden. Grundrhythmus aller beider ist ein notdürftig kaschierter Bierzelt-Bumms. Ein Schröder-Blech zudem, wie es sich kein Christdemokrat an der Macht je erlauben könnte, ohne dafür gelyncht, d. h. gewerkschaftlich geteert, gefedert und abgewählt zu werden.

Bohlen tritt auf, als gehöre das Fernsehen ihm; Schröder, als gehöre ihm das Land. »Meister« sind sie auch ohne gewonnene Spiele, rein durch »Quote«. Der Bundesrechnungshof hat festgestellt, dass der Papier- und Gesetzesausstoß der rot-grünen Bundesregierung den aller vorherigen Regierungen um Längen übertrifft. So wie Bohlens Kompositionsausstoß den aller Kollegen – zwanzig Stücke pro Tag mit zwanzig Mal »Abbau« von Musikstandards. Entspricht Abbau von Sozialstandards im Papierausstoß der Bundesregierung.

In unzähligen Gesellschaftsbereichen beweisen die *Führungsspieler* aller Sparten ihre Kompetenz zur Zeit vor allem durch Hochpokern bei Vertragsabschlüssen sowie radikale Angeberei, also durch tausend behauptete Biertisch-Tore. Wer die Gepflogenheiten in den Führungsetagen einiger Bundesligavereine wie Stuttgart, Kaiserslautern, Hamburg oder Dortmund aufmerksam zur Kenntnis nimmt, wird zumindest gut *vorbereitet* sein auf das, was bei der Telekom passiert, bei Mannesmann, VW oder Daimler-Benz.

Mit der Geschicklichkeit von Konzernmanagern bei der Aushandlung von Arbeitsverträgen kann sich bisher aber kein Fußballspieler messen: 15 Millionen Handgeld, damit »die

Manager« überhaupt *kommen*; nach ein, zwei Spielzeiten sind sie auf Dauer (seelisch) verletzt; ihr Konzern ziert das Tabellenende. Um sie endlich loszuwerden, fließen nochmal 40 Millionen Abfindung. Was für Talente! Eine echte Avantgarde! Dagegen sind Stars wie Rivaldo, nach langem Hickhack in der Saison 2003/04 endlich vom ungeliebten AC Milan losgekommen, oder der argentinische Nationalspieler Ariel Ortega, in Arbeitsauseinandersetzungen mit Fenerbahçe Istanbul lebenslang um seine Lizenz gebracht, harmlos-rechtlose Lohnsklaven.

Bilanzen

Wäre Deutschland unter den Staaten, die neu in die EU aufgenommen werden möchten: Es käme nicht hinein. Die deutsche Bundesregierung verfehlt zum wiederholten Mal die EU-Kriterien von Neuverschuldung und Kreditaufnahme. Bekommt aber Sonderkonditionen von Brüssel vor allem durch Fürsprache Frankreichs und darf weiter maßgeblich mitspielen. Die Parallelen *enden* hier. Der Fußball zeigt die Lage deutlicher: Dortmund scheitert in der Champions-League-Qualifikation 2003, HSV, Hertha, Schalke, Dortmund anschließend in der ersten bzw. zweiten Runde des UEFA-Pokals. Gemessen an der Zahl der teilnehmenden Mannschaften war eine deutsche Fußballbilanz in Europa noch nie so schlecht. Der Fußball badet die deutsche Misere offensichtlich offener aus, als die Politik dies tut. Ich bin sehr gespannt, wie dies Dilemma sich lösen oder darstellen wird bei der WM 2006 im Gastgeberland Deutschland.

Teil IV
Blick von den Rängen

HSV – Barcelona. Ein Europacup-Schock

Wie »ein ungesühntes Verbrechen« erschien den Holländern die Niederlage gegen die Deutschen 1974; wie die Inkarnation der Ungerechtigkeit selber. Ein Vorgang, der ein ganzes Land erstarren ließ. Dass er des Öfteren ein ganzes Stadion erstarren lassen kann, ist das Erlebnis und Wissen vieler Fans. Ein besonders prägender dieser Momente liegt in mir begraben aus dem Frühjahr 1961, Volksparkstadion Hamburg. Der HSV spielte im Europacup gegen den FC Barcelona; Barcelona hatte das Hinspiel 1:0 gewonnen. Das Rückspiel musste *der Hammer* sein; aber wie von Flensburg nach Hamburg kommen; vor allem: wie wieder zurück? Abends so spät ging kein Zug mehr, Geld dafür hatten wir Schüler auch nicht. Aber Schulfreund K.-P. Schulz, HSV-besessen wie ich, hatte einen Motorroller. Er wollte da unbedingt hin, mehr als 150 km, und ich wollte auch, auf dem Rücksitz. Die Hinfahrt – wunderbar. Das Spiel – phantastisch. Ein unglaublich guter HSV führte 2:0 nach Seeler- und Dörfel-Toren. Das volle Stadion, 71.000 waren da, brodelte und kochte und wartete auf den Schlusspfiff, das Ausbruchssignal für *die Feier.* Was für ein Fest! Der große FC Barcelona am Boden. Und noch eine Minute zu spielen. Der HSV im Ballbesitz, auf Höhe der Mittellinie. Hau weg den Ball, schrie das ganze Stadion. Aber der linke Läufer (war es Jürgen Werner?) wollte im Ballbesitz bleiben. Den Ball in den Schlusspfiff tragen. Ein kleines Dribbling – und er bleibt hängen. Einer dieser wahnsinnigen Exil-Ungarn, es war Kubala, flitzt mit dem Ball am Fuß die rechte Seitenlinie runter, überrennt alles, was da noch herumsteht, flankt, Kopfball Kocsis, der Ball ist drin. Und Schlusspfiff.

Verlängerungen gab es damals im Europacup-Reglement nicht, so wenig wie die Regel der doppelt zählenden Auswärtstore: Für den Fall von Punkt- und Torgleichheit war ein Wiederholungsspiel vorgesehen. Die war nun da. Und jeder wusste: Das Wiederholungsspiel auf neutralem Platz wird verloren. Auf den Schlag war das ganze Stadion verstummt. Eine wirkliche Totenstille von 71.000. Aus. Der Ball war drin. Hätte er ihn auf die Tribüne geschlagen! Irgendwohin. In den Himmel! Es hätte gereicht. Es fehlten 25 Sekunden. Das war überhaupt nicht zu begreifen. Und so total ungerecht, denn Barcelona hatte in diesem Spiel nicht den Hauch einer Chance. Natürlich heulten wir. Und standen still auf den Rängen. Die Masse setzte sich nicht in Bewegung. Als wollte sie nicht glauben, was doch klare Tatsache war. Der Ball war drin, wo er nicht hätte drin sein sollen. Der Schlag saß so tief, dass sich nicht einmal Kritik erhob am Spieler, der den Ball verloren hatte. Man war einfach geschlagen, 71.000 Leute, ungerecht geschlagen. Vereint in Trauer. Es dauerte ewig, bis Bewegung in die Geschlagenen kam. Die Masse war *gestorben*. Schweigend schleppte sich das Stadion leer.

Die Rückfahrt nach Flensburg, mehrere Stunden durch die kalte schleswig-holsteinische Nacht, war weniger schlimm als befürchtet. Schulz war ein blendender Fahrer, ich ein geübter Sozius, Hände um seinen Bauch, in immer angepasster Kurvenlage. Aber dann die Ankunft: Ich war zwar warm angezogen gewesen, aber nicht in dem Stückchen zwischen Hose und Schuhen. Da war nichts als ein paar gewöhnliche Strümpfe und die Beine im Fahrtwind total abgefroren. Ich konnte weder von seinem Heinkel-Roller absteigen noch einen einzigen Schritt laufen. Der Freund musste mich die Treppe hochtragen, die Mutter war noch wach, meine Füße wurden auf der Zentralheizung deponiert und tauten kribbelnd auf. Das ging folgenlos vorüber und war schnell vergessen, sobald ich wieder auftreten konnte.

Nicht vergessen war der Moment des »falschen Tors« im Stadion. Mit Kennedy-Ermordung oder Traumatisierung einer ganzen Nation *natürlich* so wenig zu vergleichen wie die holländische Niederlage von 1974. Aber dieser Hamburger Moment, in dem in einer Zehntelsekunde alles Leben aus der freudig brodelnden Masse der Siebzigtausend im Volksparkstadion wich, senkte sich ebenso massiv in meinen Körper. Die Totenstille der Enttäuschung im riesigen Stadionrund. Wie *ungerecht!* Wie *gemein!* Als hätte die Welt aufgehört zu atmen. Das Herz schlug zwar weiter und man musste irgendwann nach Hause. Mit dem unabweisbaren Empfinden, dass es eben »Gerechtigkeit« nicht gäbe auf der Welt; hier nicht, und anderswo nicht.

Man soll *die Realitäten* anerkennen, heißt es immer. Eine *fiese* Formel, wenn es um das Hinnehmen des »üblen Bestehenden« geht. Und eine gleicherweise sinnvolle, wenn es darum geht, sich nicht zu täuschen über die Lage der Dinge. Manchmal gibt es den Neuanfang des nächsten Spiels, und manchmal eben nicht: ausgeschieden. Oder: abgestiegen. Fußball ist ein unerbittlicher Lehrer in der Anerkennung dessen, was bei Freud (in unfußballerischen Zusammenhängen) das Realitätsprinzip heißt. Neunzig Minuten – das ist Spielfilmlänge; das heißt, es ist die Dramaturgie eines *Lebensbogens.* Jeder hat getan, was er konnte, oder auch nicht getan, was er hätte tun können. Und jeder hat es *sehen können.* Genau dies *zählt nun.* Punkt, Schmerz & Schluss. Oder auch: Punkt, *Glück* & Schluss.

Eltern, Lehrer und andere Autoritäten verlangten eine Ausrichtung nach dem Realitätsprinzip unter ganz anderen Vorzeichen: Sie taten es unter schweigender *Umgehung* einer ganzen Reihe gravierender Faktizitäten des eigenen Lebens. Wogegen man zu sagen lernte: »Alles zählt. Auch *was ihr* vor zwanzig Jahren getan habt. Die Tore, die ihr geschossen habt im Jahr 1935.« Oder nicht geschossen habt. Oder gegen »falsche Gegner«. Was ist mit den vielen Spielen, zu denen ihr nicht aufgelaufen seid? Oder denen, wo ihr schwächere Gegner niedergetrampelt habt. Oder auch nur dabei *zugeschaut* habt.

Spätestens bei dem Barcelona-Spiel in Hamburg habe ich begriffen, dass es den »unbeteiligten Zuschauer« nicht gibt. Der Zuschauer ist Teil des Spiels, er ist angeschlossener Akteur. Er schießt zwar nicht die Tore auf dem Platz, aber die, die geschossen werden, treffen nicht nur ins Tor, sie treffen auch sein Herz, sein Gehirn, seine Haut, seinen Bauch – jene Teile, von denen Leute sagen, dass ihre Gefühle dort beheimatet seien; und sie verändern den Zuschauer. In der Folge dieser Nacht ging mir auf, dass die geteilte Trauer über eine Niederlage ein erhebendes Gefühl sein kann, ein befreiendes sogar; eben dann, wenn man diese Niederlage nicht verdrängt. Und eine Fußballniederlage kann man nicht verleugnen (anders als Niederlagen im Krieg oder im sonstigen Leben). 2:1 gewonnen gegen Barcelona, aber doch verloren; das Wiederholungsspiel lief, wie erwartet, gegen den HSV. Trotzdem: gut gemacht. Traurig, aber wahr. Die Füße waren angefroren, die Schule war geschwänzt worden, der Motorroller war gut gelaufen, und Herz und Kopf hatten sich erweitert. Dies war auch ein Anschluss an Weltstadtgefühle. An das Aufleben und Absterben eines aufgeladenen Massengefühls, das einen selber komplett einschloss. Das Aufflackern dieser Energie und ihr abruptes Verebben war Teil der eigenen Tätigkeit.

Später las ich in Elias Canettis *Masse und Macht*, dass der Einzelne in der Masse seine Körpergrenzen verliere und einen *neuen Körper* bekomme. Wenn mir das einleuchtete, dann beruhte das, in meiner Körpergeschichte, zuerst einmal auf Momenten wie diesen. Die Wahrheit lag auch hier »auf dem

Platz«; aber ebenso liegt sie *auf den Rängen*, wie man der fußballphilosophischen Maxime Adi Preißlers (und Otto Rehhagels) unbedingt hinzufügen sollte.

Die Gehälter-Falle

Spieler und Zuschauer befinden sich, was die Bearbeitung ihrer emotionalen Welten angeht, in einer Co-Produktion. Es gibt in Deutschland Journalisten und Zeitungen, die dieser Co-Produktion diametral entgegenarbeiten; u. a. indem sie bevorzugt auf den hohen Gehältern der Spieler herumreiten. Genauer: indem sie die Zuschauer aufhetzen, gefälligst *Leistung* von denen da unten einzufordern, da sie doch ein Mehrfaches der Gehälter der Zuschauer verdienen. Diese Aufhetzung *trennt* den Zuschauer vom Spieler und erhebt ihn zu seinem Richter. Nichts aber ist unerträglicher als ein Publikum von 50.000 Richtern, die sich mit der »Gehälterdiskussion« in eine emotionale Sackgasse locken lassen. Denn ob ein Spieler 1.000 Euro, eine Million oder fünf Millionen bekommt: Auf dem Platz kann er nicht mehr einbringen, als sein Körper im Zusammenspiel mit den andern zu geben in der Lage ist. Wenn ich das Gehalt verdoppele, erhalte ich nicht einen Spieler, der doppelt so guten Fußball spielt. Außerdem gibt es hoch qualifizierte Gegenspieler, die dafür bezahlt werden, ihn nicht zur Entfaltung kommen zu lassen. Wenn ein Trainer erst einmal beim Leistungsappell an seine *Millionarios* angekommen ist, kann er einpacken. Er ist trainerisch am Ende. Der Körper der Spieler ist in jedem Fall die entscheidende Grenze. Und dieser ist menschlich-fleischlich wie der des Zuschauers; nur eben talentierter und austrainierter.

Zuschauer in Italien und Spanien wissen dies etwas besser. Dort gibt es die Gehälter-Hetz-Diskussion nicht in dem Maße wie hier, auch nicht in der Boulevardpresse. Die Zuschauer wollen sich von »ihrem« Spieler, in dessen Bewegungen, in dessen Ideen, in dessen Körper sie mitagieren, sei es in del Piero, in Totti oder Zidane, nicht trennen lassen. Sie vergleichen ihr eigenes Einkommen *nicht* mit dem der Spieler. Sie bewundern die Spieler und *gönnen* ihnen ihre Millionen ausdrücklich. Das heißt, sie akzeptieren die Spieler als *Stars* mit einem Sonderstatus. Der Star mit Sonderstatus ist prinzipiell überbezahlt, und zwar immer. Aber seine Bezahlung erfolgt *gerade nicht* nach dem Leistungsprinzip, das (bei Bedarf) gegen ihn ins Feld geführt wird. Nie und nimmer »verdient« ein Schwarzenegger 50 Millionen Dollar oder mehr für seine *Leistung als Schauspieler* in einem Film. So viel kann eine Schauspielerei gar nicht »wert« sein. Er bekommt sie, weil er im Märchen-Star-System ganz oben steht (*irgendjemand* muss da oben stehen). Zweitens bekommt er sie, weil ein Produzent von seiner Mitwirkung erwartet, dass Millionen Zuschauer auf der Welt das Geld wieder hereinbringen. Das trifft auf Ronaldo oder Beckham ähnlich zu.

Ein Publikum, das sich durch pure Missgunst-Haltung von seinen Spielern trennen lässt, ist selbst schuld. Es verbaut sich die Teilnahme an den emotionalen Wogen, die hin- und herschwappen zwischen dem Spielfeld und den Zuschauerrängen. Wer sich von der Zeitung oder vom Fernsehen zum Richter seines Lieblingsspielers machen lässt, ist ein Dummkopf und ein armer Wicht. Wie jene Journalisten, die sonntags und montags ihre »Zensuren« durch ihre Blätter streuen. Das tun sie in Italien, Spanien, Holland zwar auch, allerdings ohne hiesige Folgerungen. Keine italienische oder spanische Zeitung würde einen wunderbaren Fußballer wie Andy Möller als *Heulsuse* durch ihre Spalten jagen. Oder einen Amoroso als arbeitsunwilligen Millionario. Dies ist eine Spezialität hetzwütiger deutscher Boulevardjournalisten. Die Bewertungsnote »6« in *BILD:* »Hat sein Geld nicht verdient«, nämlich wegen »Arbeitsverweigerung«, ist zwar in einem juristischen Sinne nicht kriminell, in einem politischen aber schon. Hinter ihr höre ich die Folge-Parole »Wer nicht arbeitet, soll auch nicht essen« – eine der Zentralparolen des Faschismus. Sie führte dort zur Schlussfolgerung: »soll auch nicht leben«, also ausgelöscht werden.

Was wir bestimmt nicht brauchen, ist der Willkürjournalismus der notorischen Benotungsschurken in ihren Schurkenstaaten *BILD* etc. Er löscht nicht nur den einzelnen Spieler aus der Wahrnehmung »spielender Mensch«, er löscht auch die *Anteilnahme* des Zuschauers am Spiel; löscht den Anteil seiner Co-Produktion am Geschehen. Wenn aber keine anteilnehmende Verbindung mehr zwischen Zuschauern und Spielern besteht, verwandeln sich die Akteure auf dem Rasen und die auf den Rängen in feindliche Lager. Genau in diesem Moment *wird Fußball Krieg*. Krieg zwischen (ver)urteilenden Zuschauern und verurteilten *Stars, die Sonderrechte* beanspruchen. Genau das aber ist die bekannte Konstellation zwischen »einfachem Volk« und »hochfahrender Elite«, die populistische oder auch faschistische Kräfte so gern für sich ausbeuten als angeblichen Kampf der »Unterdrückten« gegen die »Großkopfeten«. Ein Journalismus, der sich auf diese Schiene begibt, schadet allen: den Fußballern, den Zuschauern, dem Spiel. Er unterbindet die Wahrnehmung, dass das Strömen der Energien in den Stadien ein Teil des Spiels ist. Man könnte durchaus die Frage stellen, ob das so oft diagnostizierte Sinken des Lust- und Kreativ-Faktors im Spiel deutscher Mannschaften mit solchen Einstellungen zu tun hat. Man *spielt nicht frei* vor missgünstigen Publikumsanteilen.

Spieler, Fans und Vereinsführungen leben in mancher Hinsicht in einem exemplarischen Gegensatz. Die Verfahrensweisen, die »der Fußball« bei der Bearbeitung dieses Gegensatzes findet, können exemplarisch sein für andere Gesellschaftsbereiche. Es kann sein, dass »der Fußball« sich zu dem Weg entscheidet, den die Konkurrenzgesellschaft insgesamt einschlägt, wo man sie lässt: dass man Star-Arbeitskräfte hoch bezahlt, sie so lange aussaugt, wie sie etwas abwerfen, und dann eher wegwirft, entlässt. Während die Nicht-Stars, Wasserträger und Malocher sowieso daran gewöhnt sind, mit einem kleinen Dankeschön nach 40 Jahren bei »Dienst-Jubiläen« abgefunden zu werden. Die Mitteilung wahrscheinlicher Rentenkürzung erreicht sie etwa bei Arbeitsjahr fünfunddreißig. Wo man schon erschöpft genug ist, die verantwortlichen »Chefs« gnädig am Leben zu lassen.

Von der Seite der Fans gibt es Ansätze eines gegenteiligen Modells: eine Anhänglichkeit und gewisse Dankbarkeit gegenüber langjährig verdienten Spielern und auch Trainern; bloß fehlt dort die Macht, wirklich mehr daraus entstehen zu lassen, als sentimentale Gesten; Abschiedsgesten meist. So wie in Frankfurt der Fanclub *Zeugen Yeboahs* noch lange nach dessen Weggang am Lobgesang dieses Spielers meißelt. Die Main Stream-Fankultur ist aber eher auf die Trennung der gesellschaftlichen Sphären angelegt; Arbeit ist Arbeit, zu Haus ist zu Haus, und Fußball ist Fußball. Von den avancierteren Errungenschaften des Fan-Seins wird gar nicht erwartet, dass sie ins alltäglichere gesellschaftliche Leben überschwappen könnten. Die verschiedenen »Lager«, das »Gute« und das »Böse«, sollen *in der Fußballwelt selber* verankert sein, vergöttert im »geliebten« Verein einerseits, und verfolgt im »gehassten«. So soll es auch sein – im Sinne der Bosse und des Boulevards.

Dass »die Bösen« womöglich in der Führung des *eigenen* Fußballstaats hocken, heiße er nun Schalke, HSV oder Bayer(n), ist kein sehr verbreiteter Gedanke im Fan- und Wimpel-Wesen. An der Art und Weise der Behandlung der Spieler durch die Vereine aber könnten Fans es zuweilen erkennen. Es hat seine genauen *politischen* Gründe, dass der Herrschaftsboulevard, wo immer es geht, gegen die *Millionarios* hetzt. Die er andererseits bejubelt. Beides *auf dem Rücken* der Fans. Genau so funktionieren *moderne* Faschismen: in der emotionalen Spaltung und Gegeneinanderführung von Kräften, die, bei kühlerer Betrachtung, gegen institutionelle Herrschaftsüberhänge kooperieren könnten.

Beckenbauer als Zuschauer

Merkwürdig: Beckenbauer, von dem man *alle Sorten* Äußerungen gewohnt ist und inzwischen auch hinzunehmen gewohnt ist, liegt fast immer *richtig* da, wo er seinen Mund als Zuschauer aufmacht, *fußballanalytisch* also. Er hatte es durch seine Klasse auch nie nötig, diplomatisch oder »korrekt« zu sein; was schlicht geheißen hätte, unbayrisch. Von seinen Qualitäten als Geschäftsmann im Feld der »Strippenzieher und Profiteure im deutschen Fußball«, wie Thomas Kistner und Ludger Schulze es im Untertitel ihres Buchs *Die Spielmacher* formulieren, rede ich hier nicht. Sie haben es dort in aller Deutlichkeit getan, und der Kaiser sieht nicht sehr vorteilhaft aus dabei. Aber ich spreche hier von Beckenbauer als dem Menschen, dessen Körper derart mit dem Lauf des Balles in einem Spiel verbunden ist, dass sich ihm regelmäßig Wörter aufdrängen, die einfach *stimmen*, was das Spiel betrifft. Und waren es auch nur seine Ein-Minuten-Analysen in der Halbzeit von Champions-League-Spielen auf RTL im Gespräch mit Günther Jauch. Jauch wollte dem öfter nicht folgen, was Beckenbauer da sagte, z.B. einer Siegesvoraussage Beckenbauers für Borussia Dortmund gegen die Glasgow Rangers. Die dann prompt zutraf, und Jauch musste etwas genervt eingestehen, falsch gelegen zu haben. Sehr präzise Beckenbauers trockene Antwort: »Einer muss doch hier was von Fußball versteh'n.«

Das war ein kräftiger Haken, unabsichtlich und unböse ausgeteilt; einfach aus dem Sehen des Spiels, und aus dem Wissen, dass er sich darauf verlassen kann. Diesen beckenbauerischen Blick wünsche ich allen, die Fußballspiele anschauen, und vor allem denen, die sie kommentieren. Immer wieder erlebt man es vor dem Fernseher, dass eine Mannschaft, die vom Kommentator gerade totgesagt wird – »die türkische Abwehr hat die lettischen Stürmer voll im Griff« –, in den nächsten zehn Sekunden ihr Tor erzielt. Beckenbauer würde das nicht passieren. Weil er dieselben betrachterischen Qualitäten hat, wie Gerd Müller vor dem Tor die torbringenden.

Für mich sind das nicht Instinkte, wie man das immer gern nennt, sondern analytische Fähigkeiten. Analytische Fähigkeiten, die aus einem Denken des Körpers kommen (nicht aus dem viel beschworenen »Bauch«, warum soll *der* das gerade wissen?). Sie kommen aus dem Fundus der eigenen gespeicherten Körperbewegungen, die einen mit dem Spiel verbinden; aber auch aus dem Fundus der eigenen gespeicherten Sehbewegungen. Man kann diese Speicherung aufbauen auch ohne selber viel gespielt zu haben. Fußball im Fernsehen ist u.a. auch deshalb so beliebt, weil *das Medium* hier offenkundig nicht lügt, sondern Spiel-Tatsachen überträgt. Tatsachen mit *programmierender Wirkung*. So sind es im Körper und über die Augen gespeicherte Fußballerfahrungen, die den Zuschauer mit einer Mannschaftsbewegung verbinden, ob im Fernsehen oder auf dem Platz. Es funktioniert auch bei Mannschaften, die man nicht einmal unbedingt mag. Der Mund öffnet sich und sagt, völlig absichtslos, die *gewinnen* das jetzt. Und so geschieht es. Körpergespeicherte Erfahrungen, aus denen man sicher sagen kann, »der Pass kommt nicht an«, oder »der geht ins Aus«, aber nicht erst, wenn die Aktion gelaufen ist, sondern *im Moment des Abspiels.* In einer medialen Osmose werden die eigenen Speicherungen verbunden mit den Spielern, die dort agieren, und bemerkenswerterweise irrt man sich dabei selten.

Ebenso beeindruckend ist es, wie das oft zufällige und diffuse Publikum, das sich bei Großereignissen wie Weltmeisterschaften vorm Fernseher in Kneipen zusammenfindet, vollkommen geschlossen und total *richtig* reagiert auf Spielszenen verschiedenster Art. Sie sind niemals einfach *parteiisch.* Spielt das eigene Team miserabel, werden die Anhänger ziemlich gnadenlos. Aus enttäuschter Liebe natürlich; aber auch aus genauem Blick. Sie sind genauso expertig wie die Fünfzehnjährigen auf dem Schulhof mit der sonntäglichen *Top Ten* im Ohr. Mit der untrüglichen Sicherheit für das *exzeptionelle Stück* und für die *bessere* Mannschaft. Wer sich erlauben würde zu sagen, Zidane ist eine überschätzte Flasche, der braucht sich unter Fußballkörpern nicht mehr sehen zu lassen.

Das ist überhaupt das Beste am Kneipenfußball; es stellt sich ein teilnehmendes Publikum her wie auf den Rängen im Stadion. Man gerät in Versuchung, zu glauben, der Verlauf des Spiels werde von der Kneipenstimmung mitbestimmt. Man baut an einer Atmosphäre der Co-Produktion am Spiel, wie die Zuschauer im Stadion. Und manchmal bin ich nicht so sicher, ob nicht die Kneipenstimmung ein Spiel gedreht *hat.* Auch wenn es in Madrid stattfand, oder in Manchester.

Teil V
Elektronisierung. Digitalisierung

Vom perspektivischen zum gerasterten Raum

Einen Generationsbruch wie den von 1956/57 habe es noch nie gegeben, sagte ich oben – außer jenem, den wir *heute* erleben. Oder vielleicht besser, dem wir *ausgesetzt sind*, ohne es selber recht zu bemerken. Und der natürlich auch den Fußball betrifft, oder besser: sich in ihm darstellt. Nach Beobachtungen des Philosophen und Medientheoretikers Vilém Flusser sind es heute *digitale Codes*, die auf allen Ebenen unser knapp 3.000 Jahre altes Orientierungssystem des »Alphabetismus« unterwandern und ersetzen. Nicht nur unsere technischen Geräte, nein, auch unser Körper, unser Nervensystem, unsere Gehirne *elektronisieren* sich, sagt Flusser. Er sagt dies nicht als Einziger, aber er sagt es am entschiedensten, und dies schon relativ früh in seinem Buch *Die Schrift. Hat Schreiben Zukunft?* aus dem Jahr 1987.

Was hat Alphabetismus mit Elektronik zu tun? Dies ist die prompte und natürlich berechtigte Frage all jener, die den medientheoretischen Schritt (noch) nicht vollzogen haben, den der Medientheoretiker Marshall McLuhan schon um 1960 vorschlug: nämlich unser 26-Buchstaben-Alphabet, wie es die Griechen um ca. 800 v. u. Z. eingeführt haben, als ein *technisches Medium* zu begreifen. Das klingt zunächst befremdlich; ist es aber nicht mehr, wenn man sich die Begründung genauer anhört. Man kann sie inzwischen bei vielen Autoren nachlesen, sei es bei McLuhan selbst, bei Friedrich Kittler, bei Vilém Flusser, beim Sprachwissenschaftler Harald Haarmann in seiner *Universalgeschichte der Schrift* oder bei Autoren mediengeschichtlicher Überblicke wie Jochen Hörisch. Sie allesamt heben die *Einführung der Vokale* durch die Griechen in die Schriftsprache als entscheidenden Schritt hervor. Schriften gab es schon lange vorher, aber nur konsonantische. Ein geschriebenes Wort bestand etwa aus den Buchstaben RNS oder HMS. Derjenige, der das Wort geschrieben hatte, las es als RINUS oder HUMUS; und ebenso die Angehörigen seiner Kultur, die *vom Ohr her* wussten, wie man solch ein geschriebenes Wort ausspricht.

Ein Angehöriger einer anderen Kultur aber, dem eine Tonscherbe mit diesen Buchstaben in die Hände fiel, konnte die Wörter auch anders lesen, als beispielsweise RANAS oder HEMIS, oder RUNOOS oder HOIMAAS oder auf unendlich viele Weisen mehr. Da die Schrift keinen Vokal vorgab, musste man ihn beim »Entziffern« einfügen. Mit der Einführung der Vokale a, e, i, o, u in die geschriebene Sprache ändert sich dies. Die Aussprache des geschriebenen Wortes *aleph* z. B. wird verbindlich. Schriften werden ab diesem Moment für alle Menschen auf der Welt, egal in welchen Gebieten, »lesbar«, sobald diese Menschen das griechische (und später das lateinische) Alphabet gelernt haben.

Das Alphabet selber wird dabei zu einem Instrument, mit dem man alle gesprochenen Sprachen auf der Welt *aufschreiben* konnte; unabhängig davon, was die Wörter »bedeuteten«. Die Spanier, die um 1500 nach Mexiko kamen, schrieben das Wort, mit dem die Azteken ihre Hauptstadt bezeichneten, als *Tenochtitlan* auf. So klang das Aztekische in ihren Ohren, so konnten sie es festhalten in ihrem lateinischen Alphabet. Für medientheoretische Denker wie McLuhan war es nicht schwer, den allfälligen Schluss daraus zu ziehen, der lautet: Das griechisch-lateinische Alphabet funktioniert wie eine Aufzeichnungsmaschine; es ist, genau betrachtet, das erste *Tonbandgerät* der Welt. Es ist ein *technisches Medium.*

Aus der Anwendung und dem Gebrauch dieses Mediums entstanden im Lauf der Geschichte die meisten unserer technischen Errungenschaften: die Linearisierung, dann die Geometrisierung des Raums, die moderne Mathematik, die Navigationstechniken zum Befahren der Meere, gipfelnd in der zentralperspektivischen Ausrichtung des europäischen Blicks auf die Räume der Welt. Die Aufteilung des Raums, wie Piet Mondrian sie mit der Bildfläche, wie Johan Cruyff sie mit dem Fußballfeld vornahm, wie wir sie mit der *Tabellisierung* von Fußballresultaten vornehmen, sind sämtlich praktische Anwendungen verschiedener Formen dieser Alphabetisierung bzw. der Geometrisierung des Raums.

Nach Vilém Flussers Beobachtungen ist diese 3.000 Jahre alte Vormachtstellung des Alphabetismus in unserer Kultur im Moment dabei, ihre Dominanz zu verlieren. Das hat Folgen auf den verschiedensten Feldern. Ich beschränke mich hier auf jene, die Spiele wie das Fußballspiel berühren. Im Kern geht es dabei, wie bei allen großen historischen Einschnitten, um eine Umstrukturierung der Arbeit unseres Gehirns. Infolge des Umgangs mit den »digitalen Codes«, formuliert Flusser, kommt es zur Entstehung einer »neuen Raumzeiterfahrung« und daher eines »neuen Raumzeitbegriffs«.

Man macht sich das am besten klar, wenn man *jede neue Wahrnehmung* eines Kleinkindes beim Heranwachsen als eine *Hirnveränderung* versteht. Das Gehirn ist nicht fertig bei der Geburt, es wächst und entwickelt sich nach dem *Futter*, das es von außen erhält. Wenn bestimmte Eindrücke sich immer *wiederholen*, bilden sich *Bahnen* der Wahrnehmung aus, die zu einem verlässlichen Orientierungssystem werden. Ein Kind, das *jeden Tag* völlig neue Erfahrungen machen müsste, würde wahnsinnig. Wir, die Angehörigen hoch technisierter industrieller Kulturen, lernen bestimmte Kulturtechniken gemeinsam, egal, ob wir etwas dümmer oder etwas klüger sind. So bildet sich bis etwa zum 12. Lebensjahr eine zentralperspektivische Sicht der Außenwelt in unserem Hirn heraus. Sie bildet sich nicht von allein, sondern wir bekommen sie beigebracht. In anderen Kulturen entsteht sie nicht, auch bei Erwachsenen nicht. Die perspektivische Sicht der Welt ist keine Arbeit des Auges, sondern eine des Gehirns. Andere Kulturen, wie die aztekische oder die altägyptische, bildeten ganz andere Raumvorstellungen aus.

So wie unser Raumaufbau ein künstlicher ist, ist auch unsere Zeitvorstellung eine künstliche. Wir reihen die Zeit wie auf einer Kette, nennen das hintere Ende Vergangenheit, das vordere Zukunft und das Mittelstück Gegenwart. Das Ganze heißt dann »historisches Bewusstsein«; wir haben eine Vorstellung von »Geschichte«; in diese ordnen wir unser Leben ein.

Andere Kulturen, etwa die meisten indianischen, die aztekische insbesondere, erleben sich selber demgegenüber in *Zyklen.* Sie opfern ihren Göttern Früchte und Menschen als Teil eines *Fruchtbarkeitsrituals,* das jedes Jahr die Erde neu befruchten soll. Die Zeit ist nicht linear, sondern kreisförmig. Jedes Kind, das in dieser Kultur heranwächst, übernimmt das so und bleibt in der Regel lebenslang dabei. Das menschliche Gehirn ist also keine biologische gegebene Komplexität; es ist äußerst formbar und wandelbar. Es gestaltet zwar die äußere Wirklichkeit durch Arbeit und andere Eingriffe, aber zunächst wird es von ihr *produziert.*

In Kulturen, die sehr traditionsbestimmt sind, in ländlich-religiösen Kulturen, wo sich über Jahrhunderte hinweg wenig geändert hat und wenig ändert, ist die Wahrnehmung solcher Prozesse kaum entwickelt. Alles sieht so aus, als wäre es schon immer so gewesen und würde ewig so bleiben. Das galt jahrhundertelang auch für die christlich-alphabetischen Kulturen. Nur kleine Spezialistenschichten bemerkten ihre Veränderungen und *arbeiteten* daran.

Das hat sich prinzipiell mit der ersten großen industriellen Revolution ab dem frühen 19. Jahrhundert geändert. Etliche ländliche Gebiete Europas wurden umgekrempelt, große Migrationsbewegungen hin zu industriellen Zentren waren die Folge; es entstanden städtische Ballungsräume, angedockt an Industriebetriebe; im Ruhrgebiet ergaben sich daraus gegen Ende des 19. Jahrhunderts bekanntlich die Bedingungen von Volksvergnügen wie Fußball.

Bei Jugendlichen, die heute von früh auf in Berührung mit den elektronischen Technologien aufwachsen, bildet sich die Vorstellung einer linearen Zeit und die Vorstellung eines perspektivischen Raums laut Flusser nicht mehr zwangsläufig aus. Sie entwickeln nicht mehr das, was wir das »historische Bewusstsein« nennen; sie entwickeln nicht die Idee von einer hierarchischen »Tiefe des Raums«. Sie *können* sie nicht mehr entwickeln, sagt Flusser, weil an die Stelle der alten Raum- und Zeitordnungskategorien der digitale Code tritt, das heißt ein Denken in Bildern und Formeln, das der alten alphabetischen Welt-Raum-Ordnung als *unvereinbar* gegenübersteht.

Das sind kühne Thesen – hier weder zu widerlegen noch zu verifizieren. Aber es gibt Indizien, die man sammeln und bewerten kann. Die Abneigung eines großen Teils heutiger Schüler gegen *das Lesen als solches*, ganz gleich welcher Texte, ist ein allgemein erhobener Befund. Auch dass der Großteil heutiger Schüler, egal in welcher Schulart, die allergrößten Schwierigkeiten hat, eine *Vorstellung von Geschichtlichkeit* zu entwickeln, also ein Bewusstsein davon, welche Veränderungen auf der als linear gedachten Schiene der Zeiten sich historisch *wirklich ereignet haben*. Die meisten Schüler entwickeln einfach kein *Raster mehr*, in das sie solche Daten einfügen können. Sie sind weder klüger noch dümmer als frühere Schüler; aber die Differenz 13. Jhd. gegenüber 17. Jhd. oder dem 5. Jhd. v. u. Z. macht für sie keinen Sinn, weil die Parameter und Paradigmen, die man braucht, um eine solche

Kette sinnvoll zu konstruieren, in ihrem Denkapparat nicht vorhanden sind. In ihrem Denkapparat liegen die Zeiten vielmehr so vor, wie sie im Computer vorliegen: als *Gleichzeitigkeit* aller Zeiten. So liegen die Zeiten auch im *Fantasy-Film* und in der *Fantasy-Literatur* vor – gleichzeitig von der Steinzeit bis zur elektronischen Zeit. Der durchschlagende Erfolg von *Harry Potter* und *Herr der Ringe* ist nicht weniger als ein Beleg für diese Beobachtung. Die heute 10- bis 30-Jährigen der Industrienationen vollziehen in ihren Köpfen eine Neu-Ordnung und Neu-Speicherung der »historischen Zeit«. Also können sie sich Dinge zur Differenz der Jahrhunderte in einem alten historischen Sinn schlicht *nicht merken.* Oder nur für einen Tag oder eine Woche oder bis zum nächsten Test in der Schule, dann sind sie wieder weg.

Das hat nichts mit Kurz- oder Langzeitgedächtnis zu tun. Es kündet von gehirnlichen Veränderungen, denen das *Geschichtliche* schlicht nicht mehr kompatibel ist. Während einer Diskussion im Jahr 2002 über *genetische Veränderungen durch Wahrnehmungseinflüsse* versichert der Berliner Genetiker Detlev Ganten, dass solche auch in *kurzen Zeiträumen* absolut möglich sind. Das menschliche Genom würde eine Art *Überstülpungen* ausbilden, in denen neue genetische Züge lokalisiert werden. Diese seien sogar vererblich, könnten aber nach ein, zwei Generationen mit veränderter Wahrnehmungslage wieder verschwinden. Ansonsten arbeite die Evolution nach wie vor mit *Sprüngen,* die ebenfalls durch veränderte Wahrnehmungsbedingungen ausgelöst sein können. So einen exakten theoretischen Beleg für die *prinzipielle Möglichkeit* dessen, was ich hier zu beschreiben versuche, hatte ich gar nicht erwartet. Aber *so says Ganten.*

Zurück aufs Fußballfeld: Mir scheinen die Cruyffschen Raumrevolutionen aus den 60er Jahren, die in den 70ern auf die andern Fußballkulturen übergriffen, heute umgeschaltet und erweitert zu werden auf eine *digitale Anlage* des Fußballspiels hin. Was soll das heißen?

Gravity's Rainbow

»Wie wir uns auch insgesamt daran gewöhnen werden, dass lange Flugbälle, die in der Netzer-Overath-Dekade des Spiels als höchste Kunstform galten, im zeitgemäßen Spiel nur noch als Farbtupfer vorkommen. Weil Raum und Zeit meist gar nicht da sind, um sie zu spielen. Mehr noch aber, weil man eine gut gestaffelte Defensive mit dem langen Ball zunächst einmal selten überraschen kann«, schreiben Biermann/Fuchs. Und nicht umsonst stehen die beiden Wörter »Raum« und »Zeit« – die ja Zentralbegriffe traditioneller europäischer Philosophien sind – im Mittelpunkt dieses Satzes vom Abdanken des langen »Flugballs«. Zunächst der Tatbestand: In den zwei bis drei Sekunden, die ein langer Ball unterwegs ist, legen schnelle Deckungsspieler gut zwanzig Meter zurück. Von zwei bis drei Deckungsspielern angegriffen, bleibt dem angespielten Stürmer nur ein Minimalraum zur Ballannahme. Er wird sofort gestört, im günstigsten Fall kann er versuchen, durchzubrechen Richtung Tor, und schießen. Meist aber verliert er, schon bei der Annahme bedrängt, den Ball an den Gegenspieler – außer er heißt Denis Bergkamp. Wenn's hochkommt, bekommt er ihn unter Kontrolle und kann ihn zurückspielen. Dann wäre das andere Mittel gleich angebrachter gewesen: »Schnelle Ballstafetten sind deshalb ein zentrales Kennzeichen, an dem wir das moderne Spiel erkennen«, so Biermann/Fuchs.

Diese Ballstafetten sind allerdings mehr als bloße effektivere Raumüberwindung. Oft gelten sie gar nicht einem sichtbaren Raumgewinn. Sie können quer über den Platz gehen, sie können zurückgehen, jede Ballberührung und Weitergabe bedeutet auch: Der Gegner ist nicht am Ball. Das geflügelte Wort vom Schwindlig-Spielen eines Verteidigers, das ein begnadeter Dribbelkünstler vollbringt, wäre heute auf das Kombinationsspiel einer Mannschaft hin abzuwandeln, die eine andere Mannschaft verwirrt, »schwindlig« spielt, indem sie den Gegner ins Leere laufen lässt, indem sie immer schon schneller abspielt, als sie angegriffen werden kann.

Bei diesem schnellen Abspiel entstehen Linien auf dem Feld, die, würde man sie sichtbar machen, eher ein dichtes Netz oder Geflecht von Linien ergeben würden, als die langen geometrischen Linien des Flugballspiels à la Overath oder auch Johan Cruyffs. Dort entstanden Tangenten, Dreiecke, lange Rechtecke, eine geometrische Mathematik, *raumorientiert*. Die schnellen Ballstafetten des modernen Spiels zeichnen keine geometrischen Formen, sondern Netzformen übers Feld. Auf den Linien solcher Netze wird der Ball sozusagen nach vorne geschummelt, nach vorne gerastert könnte man auch sagen. Er ist mal hier, mal da im Kombinationsnetz, sehr schnell wechselnd, und erst im letzten Moment, im Moment, wo eine Lücke in der gegnerischen Abwehr entdeckt ist, im Moment des so genannten tödlichen Passes, wird er auf eine Endstation hin schnell abgespielt. Das ist eine Endstation, die keineswegs von der Sturmspitze im alten Sinne gebildet werden muss. Es kann ein Mittelfeldspieler oder ein Verteidiger sein, der bei dieser Netzverschiebung an vorderster Position gelandet ist, weil er die Lücken gesehen oder erspürt hat. Weil er in diese hineingelaufen ist und sich in jene Kraftfelder des Fußballfelds vorgetastet hat, die vom gegnerischen Abwehrkraftfeld vernachlässigt worden sind.

Hier liegt die Funktion des schnellen Mann-gegen-Mann-Dribblings. Es zerreißt für einen Moment das aufgebaute Netz der Abwehr, die sich neu positionieren und das entstandene Loch im Netz schließen muss, ehe jemand hineinstößt und die Lücke nutzt. Sieht man sich etwa die Tore von Zlatan Bajramovic beim SC Freiburg an, sind sie überwiegend so entstanden. Was auch erklärlich macht, dass ein Spieler bei einem bestimmten Verein nicht groß in Erscheinung treten mag, wie Bajramovic beim FC St. Pauli, und bei einem anderen sehr, weil die Art der Netzknüpfung beim neuen Verein seiner eigenen Wahrnehmung der Kraftfelder auf dem Platz entgegenkommt. Weil er die Schwachstellen im Netz des Gegners mit seinen Wahrnehmungskapazitäten spürt und an genau der richtigen Stelle im eigenen Netzverbund auftaucht, an dem ein verwandelbarer Ball in einigen Sekunden sich einfinden wird. Die gute oder schlechte Leistung eines Spielers hängt demnach nicht mehr allein von seiner körperlichen Verfassung ab; seine Aufgaben sind komplexer geworden. Seine Leistung bestimmt sich auch dadurch, wie gut oder schlecht sich seine Wahrnehmung in die der ganzen Mannschaft fügt; wie weit sein Denken und Fühlen »im Netz« mit dem der übrigen Mannschaft übereinstimmt.

Dies alles geht in Richtung dessen, was ich mit dem Wort »Digitalisierung« des Spiels habe andeuten wollen. Wenn die Hirnveränderungen, die Vilém Flusser bei der heutigen jungen Generation als Folge radikaler Elektronisierung der Wahrnehmungs- und Denkvorgänge irreversibel eingeleitet sieht, tatsächlich so stattfinden bzw. stattgefunden haben sollten, dann haben sie auch im Gehirn von Fußballspielern stattgefunden. Dann müssen sie auch in Taktik und Systematik des Fußballspiels selber sichtbar und erkennbar sein.

Sehen wir uns zum Vergleich die Beschreibung an, die Willy Meisl von der brasilianischen Defensive der WM-Elf von 1958 gegeben hat. Er empfand deren Funktionieren wie das einer »Gummimauer«. Und schrieb: »Vor dem durchgekommenen Spieler baut sich immer wieder einer der wieselflinken Brasilianer auf. Immer hat man den Eindruck, dass ein gut geöltes, aus genau ineinander gepassten Teilen bestehendes Gitter sich einschaltet, dass irgendwo unsichtbare Knöpfe gedrückt werden, dieses robotmäßige effektive, aber völlig individualisierte Verteidigungssystem funktionieren zu lassen.«

Biermann und Fuchs kommentieren die Stelle als offenkundige Beschreibung dessen, was später »Verschieben« heißen wird. Das ist sicher richtig. Aber noch interessanter ist, wie Meisl, den Erik Eggers mit Recht als den ersten brillianten Theoretiker des Fußballspiels bezeichnet, das Neue, das er bei den Brasilianern auf dem Platz gesehen hat, in eine Sprache zu übersetzen sucht, die den *Bereich des Sportjargons* verlassen will. Er hat etwas am Spiel wahrgenommen, das es mit gesellschaftlich-industrieller Produktion auf einem ganz anderen Feld *verbindet*. Und dies übersetzt er in eine Technik-Sprache, die viele maschinelle Vorgänge kennt, aber noch nicht den Computer. Knöpfe, Gitter, Roboter sind Wörter aus der Mechanik, aus der vorelektronischen Welt industrieller Mechanik, wie sie im Jahr 1958 die Industrieproduktion noch bestimmt hat. Die Frage ist, in welcher zutreffenden Sprache Veränderungen des Spiels heute ausdrückbar wären, und zwar so ausdrückbar, dass sie mit den bestimmenden Prozessen anderer gesellschaftlicher Felder in Beziehung gesetzt werden können. Hier eröffnet sich ein neues Feld für Spielbeobachter aller Art, Journalisten, Trainer, Sportwissenschaftler, Spieler und Zuschauer.

Das führt zur Frage: wie denn der Umgang der neuen Spielergenerationen mit dem Elektronischen beschaffen ist. Wo schlägt er sich nieder? Ich vermute mal, Nintendo und andere Konsolen haben in das traditionelle Zocken mit Spielkarten einen nicht unerheblichen Einbruch erzielt – um auf der greifbarsten Ebene anzusetzen. Von der WM in Südkorea/Japan wurde berichtet, dass es eine mittlere Panik gab, als sich herausstellte, dass die europäischen Spielkonsolen nicht ohne weiteres an die japanischen TV-Geräte anzuschließen waren. Für die deutschen Spieler soll ein Experte, der Leverkusener Bernd Schneider, eine technische Lösung gefunden haben – und hat ja auch eine 1a-WM gespielt; in einer Art Neudefinition des Spiels auf der rechten Seite: ein ständiger Positionstausch mit Torsten Frings zwischen Mittelfeld- und Außenbahn; schwer ausrechenbar für die Gegenspieler; wie die Gespenster bei *Pacman* mal hier und mal dort auftauchend, sehr verwirrend, schnelles Kurzpassspiel, ballsicher, zum Rückraum hin ergänzt und abgesichert von einem verlässlichen Didi Hamann. Eine Spielschleife, in der der Ball fast nie *verloren* ging. Deutschlands stärkstes Mittel bei der WM.

In einem Artikel von Malte Oberschelp im Magazin *Elf Freunde* finde ich zur Computerisierung folgende Sätze: »In ihrer Verschränkung von Kommerzialisierung und Pop-Appeal bilden Computersimulationen die zeitgemäße Entsprechung zu einem Spiel, das sein Selbstverständnis als authentischer Volkssport längst hinter sich gelassen hat. Der Fußball und sein digitales Abbild sind eine untrennbare Symbiose eingegangen, in der die Grenzen verschwimmen. Sony wirbt seit 1997 als einer der Hauptsponsoren der Champions League für die PlayStation, der Hersteller Sega war in der Saison 2001/2002 mit seinem Konkurrenzmodell Dreamcast auf den Trikots des englischen Meisters Arsenal präsent.« Oberschelp diagnostiziert eine »neue Stufe der Realitätsnähe« in den Computerspielen: »Die Kader der Teams sind mit den echten Mannschaften identisch, von Jahr zu Jahr werden selbst die Gesichter der Spieler ihren Vorbildern immer ähnlicher. Die Bewegungsabläufe werden von Stars aus Fleisch und Blut minutiös abfotografiert und dann von Dutzenden Programmierern grafisch umgesetzt, es kommentieren die aus dem Fernsehen bekannten Stimmen. Als Spieler kann man aus einer Fülle von individuellen und mannschaftstaktischen Möglichkeiten schöpfen. Auswechslungen, trickreiche Übersteiger, Abseitsfalle, Fallrückzieher und taktisches Foul? Gar kein Problem – solange man die entsprechende Tastenkombination am Controller nur flink genug parat hat.«

In der Neuverschaltung von Füßen, Fingern, Augen und Gehirn mit den elektronischen Konsolen wird das Spiel also komplexer und eleganter; *spielerischer* könnte man sagen, im Stadion wie an der Konsole. Oberschelp lässt dies in den Satz münden: »Heute bringen nur Spitzenteams solch genaue Pässe zustande, die daheim am Fernsehschirm längst gang und gäbe sind.« Was liegt also näher als der Schluss, dass selbst ein Ballack an der Spielkonsole fußballerisch möglicherweise *dazulernt.* Das gilt wahrscheinlich besonders für das »Spiel ohne Ball«, für die Arbeit der Sturmspitzen im Erlaufen der »richtigen Lücke« – einer reinen Gedankenarbeit.

Das würde auch heißen, dass die Spiel-Arbeit des Kindes und Jugendlichen, in der ein Ball in einen Körper »einwächst«, heute im Prinzip zumindest teilweise von Spielern an ihrer Konsole erledigt und erlebt werden könnte. Die Probe aufs Exempel wäre zu machen, ob und wie sich die Simulations-Fertigkeiten auf den Umgang mit dem Ball selber übertragen lassen. Wahrscheinlich sehen wir Samstag für Samstag in den Stadien oder im Fernsehen Proben dieser *Umschaltung* in Aktion, ohne es zu wissen.

In den Spitzenteams erscheint diese neue Qualität als Fähigkeit, von fixen Spielsystemen abzusehen. Verschiedene Spielsysteme werden zunehmend kombiniert. Denkende Spieler erkennen das jeweils Nötige und schalten entsprechend um. Holländische, spanische, französische, englische, deutsche, italienische, brasilianische »Tugenden« liegen in Spielern aller Länder vor. Sie verfügen über ein *Arsenal* von Spielweisen – abgespeichert in ihrer Bewegungsstruktur. So wie *alle Zeiten gleichzeitig* im Computer vorliegen.

Zidane – eine *andere* Art Star

Einige dieser Veränderungen folgen deutlich einer Linie, die vom motorischen, muskulär dominierten Einzelkämpfer-Typ wegführt zu einem Spielertyp, den man einen *schaltenden* nennen könnte. Einen, der sich einschaltet in Spielzüge, in Gedankengänge der Gegenmannschaft, einen, der Kraftfelder auf dem Spielfeld erspürt, Vakuen und Verdichtungen, und der diese Kraftfelder so verschiebt und nutzt, dass sie für das eigene Team zu Vorteilen ausschlagen. Die Einzigartigkeit Gerd Müllers ließe sich auch so beschreiben; seiner Zeit im Erspüren von Energielinien und Kraftfeldern weit voraus.

Ich denke an die berühmte neue Formel, nach der man vom Spieler erwartet, »ein Spiel lesen zu können«. Was heißt das genau? Um die Entzifferung von Buchstaben kann es auf dem Rasen nicht gehen. Eher schon um das Lesen von Landkarten; aber man kommt besser hin, wenn man hier Schaltpläne oder auch Montageanleitungen als das »zu Lesende« einsetzt. Und ihre praktische Umsetzung. Ein Tor wird *geschaltet.* Nachdem es gedacht und konstruiert worden ist.

An Stelle des »Stroms«, der dabei durch die Leitungen fließt, müssen sich die Spieler selber schneller und mehr bewegen. Rudi Völlers Standfußballer-Vorwurf im September 2003 nach dem EM-Qualifikationsspiel in Island an Günter Netzer trifft genau diesen Kern. Es geht nicht etwa darum, dass Netzer (allein) im Verhältnis zu den Mitspielern zu wenig gelaufen sei; es geht um die veränderte Spielanlage. Im heutigen (Strom-)Verschiebungsspiel auf dem Feld wäre eine relativ ruhende Konstante wie Günter Netzer ein Störfaktor. Genau wie der von ihm geforderte »Führungsspieler« ein Störfaktor wäre. Einer, der den energetischen Fluss des Balls aufhält, indem er Napoleon spielt, einen Starkstrommast. Wie im Jahr 2003 Dirk Lottner unter Friedhelm Funkel in Köln: Alle Tore entstanden aus Standards, die der Feldherr dirigierte oder selbst vollstreckte. Der Tabellenplatz bestätigte das Verfahren: Rote Laterne, höchste Not.

Dass ein Star-Kommentator wie Netzer das *Neue des Spiels*, wie es sich auf den internationalen Bühnen zeigt, nicht begriffen zu haben scheint, ist ein Indiz für Beschränktheiten, die womöglich aus seiner medialen Machtposition kommen. Überall woanders begreift man diese Entwicklung sehr wohl. Man kann sie besonders an der Spielweise Zinedine Zidanes studieren; ein *Super-Führungsspieler* in Netzers Kategorien. Aber wie spielt dieser Zidane? Wird man ihn mit dem Ball am Fuß dreißig Meter in den freien Raum stoßen sehen? Mit flatternden Haaren? Nachdem er vorher in napoleonischer Pose in der Nähe des Mittelkreises gestanden, die Lage überschaut und abgewartet hat?

Bewahre. Nicht doch Zidane. Erstens hat der Mann eine Glatze. Eine So-gut-wie-Glatze. Ein paar Eisenfeilspäne auf seinem Kopf zeigen das Muster der unter der Schädeldecke laufenden Ströme. Ein fantastisches Muster, eine *Fantom-Struktur.* In der Tat hat die Spielweise Zidanes etwas *Fantomatisches.* Der Mann ist körperlich so gut wie nicht greifbar auf dem Spielfeld. Spieler, die ihn gern foulen würden, wissen das am besten. Er entzieht sich. (Eine Fantom-Qualität, die auch Franz Beckenbauer hatte). Er taucht auf, wo man ihn nicht erwartet, und ist dabei so gut wie immer *anspielbar.* Das heißt, er schaltet sich gedanklich und läuferisch in die Bewegungslinien des Balles auf dem Feld ein und nimmt vorweg, wo der Ball sich *in einigen Sekunden* befinden wird. Dort lässt er sich anspielen.

Bei diesem Anspiel steht er oft mit dem Rücken zum gegnerischen Tor oder mit dem Rücken zu Gegenspielern. Das hat den Vorteil, dass er den Ball gegen eventuelle schnelle Grätschen oder ähnliche Störmanöver abschirmen kann. Oft läuft er mit dem Ball am Fuß sogar noch ein, zwei Schritte Richtung eigenes Tor, auf jeden Fall aber dahin, wo ein wenig *freier Raum* ist. Oder er fintiert bei *ruhendem Ball* mit Oberkörper oder Hüften, womit er den Gegenspieler zu falschen Schritten veranlasst; in die entstehende Lücke stößt Zidane. Sein Abspiel nach *vorn* erfolgt oft ohne Sichtkontakt. Das heißt, Zidane hat im Moment der Ballannahme die Position all seiner Mitspieler vorne im Kopf *gespeichert.* Und ihre nächsten drei, vier Schritte dazu. Sein Abspiel erfolgt blind und vor allem *schnell.* Zidanes Qualitäten als *Führungsspieler* liegen gerade darin, dass er mannschaftsdienlicher spielt als irgendjemand sonst. Der Star ist er deshalb, weil er am schnellsten, am präzisesten die jeweilige Situation erkennt und ihre Möglichkeiten am effektivsten *eröffnet.* Er erlaubt sich nicht *zwei zusätzliche* überflüssige Schritte zur Selbstausstellung. Er spielt ab, und wenn's geht direkt. Und läuft in Position fürs nächste Anspiel. Und wenn es sich ergibt, ist es die Position für den Torschuss und er macht ihn rein. Genau diese Abläufe sind in der veränderten Raumauffassung am Spiele-Computer trainierbar. Je »kleiner« das Feld (durch schnellere Athletik) desto wichtiger das Überraschungsmoment durch Taktikvarianten, auf dem Feld wie am Monitor: fortwährende Erhöhung der Geschwindigkeiten ist Teil der Digitalisierung.

Dass Ballack ebenfalls über ein Großteil dieser Qualitäten verfügt, hat er bei der WM in Südkorea bestens unter Beweis gestellt; aus blitzschnell *geschalteten* Angriffen nach Ballverlusten des Gegners wurde das jeweils entstehende minimale Übergewicht zu 1:0-Siegen genutzt; erzielt mit einem Kopfball und einem artistischen Nachschuss nach abgewehrtem Kopfball. So wie Zidane im 1998er-WM-Endspiel von Paris Brasilien mit zwei für ihn *untypischen* Kopfballtoren schlug. Das Typische solcher Spieler ist, dass sie auch das »Untypische« können. Sie funktionieren nach der Situation, in der sie sich befinden, und *erfinden* in diesem Moment das dafür Nötige. Sie funktionieren als eine Art *Energieträger* am Endpunkt einer Aktion und setzen diese Energie in Tore um. Es sind Spieler, die sichtbar *mit dem ganzen Körper* denken.

In einem Interview mit Roy Makaay lese ich gerade, dass er nicht weiß, was ein Alkoholrausch ist. Er war noch nie betrunken. Weil er dazu keine Zeit hatte in seinem Leben als Jungprofi, sagt er; die schnellen Spielrhythmen lassen es nicht zu. Einen Alkoholblackout dazwischen könne er sich nicht leisten. Außerdem kümmere er sich um seine Frau und seine zwei Kinder, wenn er frei habe. Ein achtundzwanzigjähriger Familienvater also, *not experienced* in Sachen Alkohol, Torschützenkönig der spanischen Liga 2002/03, mit zwei Toren Vorsprung vor einem gewissen Ronaldo. Ganz ähnlich mit David Beckham im traditionellen Bierland England. Das mag nicht sehr ehrenvoll klingen in den Ohren jener, denen die allabendliche Bierbirne als Ausweis unbestrittener Männlichkeit gilt, die heroischen Trinker aller sentimentalen Paul-Gascoigne- und Johnny-Cash-Fraktionen, aber die sind nicht (mehr) unbedingt maßgeblich für das Setzen verbindlicher Fan-Verhaltensnormen.

Der Kasten Bier steht zwar auch heute bereit, aber es gibt eine Menge junger Spieler, in und außerhalb von Vereinen, die es bei ein, zwei Flaschen belassen, freiwillig, ohne dass ein Ewald Lienen mit dem Detektor hinter ihnen herrennt. Sie *brauchen* das nicht. Sie haben noch anderes vor am Tag. Sie brauchen auch nicht den Männerspaß- oder Motzverein alter Schule, der die Einheitsgefühle stiftete (hinter denen dann gleich das Konkurrenzgegeifer auf der Lauer lag). Ich hatte Anfang der 60er, als ich in Kiel studierte und wochenends zwischen Flensburg und Kiel pendelte, öfter die Gelegenheit, den Eisenbahnwaggon mit Spielern von Flensburg 08 oder anderen Flensburger Clubs zu teilen, die auf dem Weg zu Spielen oder zurück waren. Ich habe mich meist diskret in einen anderen Wagen verdrückt, um nicht *all das Gift* mitzubekommen, das dort auf den Gängen und zwischen den Abteilen kursierte. Meine Güte, waren die *fies* untereinander. Oder eben, nach den Spielen, besoffen mit Skatkarten.

Männerbündelei ist eine Form, die dem Fußball bis etwa 1970 gegeben worden ist; weil überall drum rum auch Männerbündelei, Kampfsaufen, Körperrüpelei als dominante Kulturformen stattfanden. Weil sie *überall* stattfanden, fanden sie auch im Fußball statt. Er braucht sie aber nicht und besteht nicht aus ihnen. Er ist auch nicht nur »Reflex« gesellschaftlicher Entwicklungen, die *woanders* passieren, er ist sein eigenes gesellschaftliches Aktions- und Experimentierfeld. Und im Moment ein Experimentier- und Erfahrungsfeld, dessen Teilnehmerzahl nur von der Arbeitswelt selbst übertroffen wird; dessen Zuschauerzahlen höchstens von exzeptionellen »Wetten dass«-Galas übertroffen werden. Und manche Dinge können im Fußball *früher* passieren, als auf anderen gesellschaftlichen Feldern. Weil es immer noch ein *Spielraum* ist, und nicht bloß ein gesellschaftlicher Kampfraum.

Die »digitalisierten« Spieler, unalkoholisierte Jung-Profis mit Familie, verspielt und selbstbewusst, verorten den Profi-Fußballer selbstverständlich im Raum von Popstars. Sie verstehen sich im öffentlichen Raum eher als *Models* denn als Kampfschwein Willi Wilmots; eher als Beckhams denn als Roy Keanes – all dies sind bewusst wahrgenommene Züge sich verändernder Strukturen in den Körpern moderner Spieler.

Netzers Vorwurf an Ballack, dass er kein *Führungsspieler* sei, *weil* er im DDR-Kollektiv-Gedanken groß wurde, kann man geradezu umdrehen: Bernd Schneider, Jens Jeremies und besonders der Modell-Führungsspieler Matthias Sammer, die im Mittelfeld des Nationalteams so erfolgreich reüssierten, kommen alle aus der DDR. Es musste bei ihnen nur die West-Erlaubnis zum Star-Werden hinzukommen, um ihr angeblich »kollektivistisches« Potenzial in die effektivere elektronisch-energetische Spielweise West einbringen und umwandeln zu können. Denn das ist im Moment das doppelte Gesicht des Starspielers: *absoluter Star* sein zu dürfen auf der einen Seite, Popstar auf Popstar-Höhen mit allen »individuellen« Macken, und zugleich mannschaftsdienlichstes Energieteilchen auf dem Platz.

Ganz sicher stellt diese Sorte Spieler die alte Männerbündelei als zentralen Gefühlskitt der Fußballteams in Frage. Wenn die englische Feministin Germaine Greer beklagt, die traditionelle Männerwelt würde David Beckham hassen, weil er in der Öffentlichkeit in »weiblichen« Rollenmodellen agiert, vergisst sie hinzuzufügen, dass mindestens ebenso viele Leute ihn genau deshalb mögen.

Sie mögen den Umschlag des Geackers in Artistik, in die *Kunst der Aufladung*. Ein von Beckham oder Zidane gespielter Ball bekommt etwas mit, er wird *aufgeladen*. Spieler, die dem Ball etwas *mitgeben*, werden »wiedergeliebt«, von Mitspielern wie Zuschauern. Der Ball soll in die Netze, und dort herrlich zappeln. Aber das ist nicht alles. Am Grund des Spiels liegt nicht bloß die Erwartung des Erfolgs, sondern die von Schönheit. *Bietet mal was, Jungs*. Einen Tanz. Nur deshalb kucken auch Frauen häufiger dahin. Mit oder ohne Kenntnis der Abseitsregel. Es gibt im Fußball keinen Schönheitspreis, versichern alte Trainerböcke wieder und wieder. Doch, doch, gibt es durchaus. Fans honorieren Schönheit, auch bei Niederlagen. Oder, anders gesagt, es gibt sehr verschiedene Wahrnehmungen von Schönheit, auch die der Schönheit des manchmal Erfolglosen. Inzwischen gibt es auch Trainer, die sich nicht mehr ins reine Erfolgsbockshorn jagen lassen. Es wird ihnen auch gedankt. Das System Fußball profitiert davon, es wird schöner.

In memoriam 1953: Fußballschulen, alt

Keinen Ball kriegen. Ein lauer Sommerabend 2003, eine gemähte Wiese, ca. 15 Spieler, so zwischen zehn und zwölf. Wenningstedt, Sylt. Die wirklich *bitteren Spiele* der 10- bis 12-Jährigen, wenn sie sich massierter auf dem Feld einfinden. Die fünf, sechs Besseren kennen sich oder finden es schnell heraus (Körpergröße, Art des Auftretens, Angeber- bzw. Herrscherstatus). Ein Anflug von Fairness oder das Gesetz der Spielplätze gebietet, dass sie sich nicht in derselben Mannschaft zusammenrotten, sondern gegeneinander aufstellen, der Rest des Kickvolks ist schnell aufgeteilt, hierhin oder dorthin verschoben, und so läuft das Spiel auch. Jeder der Kickstatisten hat einem der Jungstars den Ball zu geben, sobald er ihm vor die Füße rollt, dann zieht dieser los, allein. Umdribbelt drei gegnerische Statisten und sucht das Tor. Abgespielt wird nicht, außer vielleicht dem zweiten Jungstar des eigenen Haufens, der im Prinzip aber übertroffen, nicht aufgewertet werden soll. Keine eleganten, fördernden Pässe; ist alles nur

Imageverlust. So läuft er sich fest, weil er der vierten oder fünften in der Reihe von ausgetricksten Bohnenstangen nicht mehr ausweichen kann. Höchst *ärgerlich* und nicht mehrmals im selben Spiel zu dulden. Der dritte oder vierte Typ Bohnenstange, der im Weg rumsteht, kriegt vorsorglich eins auf die Knochen. Zur Not langt auch Wegschubsen. Schiedsrichter ist ja keiner da. Und wehe einer der Getroffenen schreit Foul. Oder tritt zurück. Majestätsbeleidigung wird auch nach Spielschluss geahndet.

Ein grausames Alter. Das Abspiel- und Kooperations-Gen wächst in freier Wildbahn wahrscheinlich erst mit fünfzehn oder sechzehn. Im göttlich-paradiesischen Zustand der Vorpubertäts-Superstars gibts so was nicht. Ob sie am Ende ein Spiel gewonnen haben oder nicht, ist nicht so wichtig. 9:7 oder 14:12 gehen solche Spiele aus. So zählen das die rumstehenden Flaschen, die man leider braucht fürs eigene Sternendasein. Interesse am Gewinn *des Spiels* hat höchstens die Mannschaft, die Bohnenstangen also. Denn die 12-jährigen Cracks selber gewinnen *immer,* verloren haben sie nur, wenn sie nicht drei, vier Dinger reingehauen haben. Die sie dann Revue passieren lassen vorm Einschlafen, vorm inneren Sternenauge. Ball am Bettfuß, Teddybär.

Auf der Förderung und Hätschelung dieses Spielertyps basierte bis vor kurzem ein großer Teil des Jugend-Vereinsfußballs, besonders der der kleinen und ländlichen Vereine, die sich keine ausgebildeten Spezialisten für Jugendfußball leisten können; die Vereine, in denen ehrenamtliche Fußballfeldwebel die Traineraufgaben an sich reißen. Den Krieg lernt man nur im Krieg, war die Devise der älteren Funktionärs- und Trainergenerationen. Also stellte man die Kleinen aufs große Spielfeld, aufs *echte* Spielfeld, sonntags sogar auf den echten Rasen, und ließ sie rennen: auf ein Tor zu, in das man jemand gestellt hatte, den *Mother Nature* mit einem halben

Meter Körper-Plusgröße ausgestattet hatte, einen XXL-Typ, dessen Fingerspitzen bis knapp unter die Latte reichten. Um diesen Kerl per Torschuss zu überwinden, suchte jeder Jugendtrainer nach einem Komplementär-Riesen, einem Gegen-Herkules für die Position der Sturmspitze, zwecks Reinhievens von Kopfballdingern, an die die normalwüchsigen Abwehrzwerge nicht herankamen.

Devise und einziges Spielkonzept: Ball immer nach vorn. Ball zurückspielen: streng verboten. Denn das Feld ist groß, und wenn der Ball erst mal vorn ist, bleibt er auch eine Weile in Nähe des gegnerischen Tors. Ich habe Jugendspiele gesehen, die zu 80% aus der Bemühung bestanden, den Ball über das Mittelfeld hinweg, über diese riesige Wüste hinweg, überhaupt in Tornähe zu bugsieren. Da ein Passspiel im Mittelfeld nur rudimentär stattfand, blieb das Mittel des Nach-vorne-Bolzens; Aufgabe für ein, zwei Mittelfeldkraftmeier, die den Ball auf eine Außenposition schossen. Die Jungs dort hatten dann mit dem Ball am Fuß abzugehen wie die Feuerwehr (Trainergebrüll im Nacken: Vooor! Lauf! Renn, du Pfeife!) und das Ding mit letzter Kraft irgendwie nach innen auf die Glatze des Leuchtturms, der vorn lauerte, zu wuchten. Oder per Querpass auf einen mitgelaufenen Mittelfeldstrategen. Habe aber selten gesehen, dass sich jemand die Mühe dieses Mitlaufens gemacht hätte, denn die Wahrscheinlichkeit, wirklich angespielt zu werden, war äußerst gering. Meistens blieb der Außenfuzzi an der letzten Verteidigerstation vor der möglichen Flanke hängen, ging der Ball ins Aus, oder die Flanke kam derart zufällig und ungenau nach innen, daß man sich den Anmarsch ruhig sparen konnte.

Auf die Art habe ich noch Mitte der Achtziger Jugendmannschaften isolationistisch herumholzen sehen, zum Erbarmen. Und völlig langweilig, außer für die aufgegeilten Väter und Mütter der Leuchtturm- oder Kraftmeiertypen, die an der Mittellinie die jeweiligen Brülltrainer an Aufputschpower zu übertreffen suchten. Was ihnen nicht selten locker gelang. (Ich selbst war auch als Vater da; Autolenker *und* interessierter Zuschauer.)

Das Gebrüll der Trainer vom Spielfeldrand her war ziemlich deutlich der hilflos-gewaltsame Versuch, selber zu spielen. Ihr unentwegtes und leicht lächerliches Hin- und Herrennen an der Seitenlinie unterstrich den Eindruck. Als Jugendspieler hatte man eine Körperverlängerung des (nicht spielenden) Trainers auf dem Feld zu sein, ein Körperglied des Trainers, das dieser zusammenschiss, wenn es nicht tat, was sein Kopf wollte – die Jugendspieler als Marionetten von Trainerphantasien.

Fußball-Schulen, neu

Alle Nachwuchsbereiche des Fußballs sind inzwischen von einem stark veränderten Denken bestimmt. Und dies nicht nur in den großen Profivereinen, die eine andere Einstellung zum Jugendfußball über DFB-Vorschriften entwickeln mussten, soweit sie es nicht längst von selbst getan hatten. Die Heranbildung von Trainerfachkräften über Sporthochschulen wie Köln schlägt schließlich bis in kleinste Bereiche durch. Die 6- bis 10-Jährigen der F- bis D-Jugend absolvieren ihren Spielbetrieb heute auf Kleinfeldern mit kleineren Toren. Das ist die einzige Möglichkeit für dies Alter, einen Kombinationsfußball zu entwickeln, ein Denken in den Koordinaten des Feldes, auf dem sich spielerische Netze knüpfen lassen.

Von einem spanischen Hotelbalkon sah ich vor ein paar Jahren auf ein Jugendtrainingsgelände: roter Hartplatz, alle Alterstufen, vom späten Nachmittag den ganzen Abend über, mit Flutlicht dann. Alle Trainer ließen den Ball laufen, in Zweier- oder Dreiergruppen oder auch in Viererkette über den ganzen Platz zum gegnerischen Tor. Abspielen immer nach zwei, drei Schritten oder auch direkt, mal mit Gegenspielern aber auch ohne, einfach um den Ballfluss als selbstverständliche Grundlage des Spiels in die Beine und Köpfe zu kriegen. Kombinationsfußball, lange, schnelle Ballstafetten, bis sie die im Schlaf spielten. Sehr eindrucksvoll. Und zu sehen in jeder spanischen Profimannschaft, wie wunderbar sie den Ball laufen lässt.

Dann die A-Jugend des SC Freiburg bei ihren Gruppenspielen zur Deutschen A-Jugendmeisterschaft 2001. Ich habe nicht schlecht gestaunt. Erste Wahrnehmung: Das ist kein spezieller Jugendfußball mehr, jedenfalls nicht von der Spielanlage her. Die spielen genau wie die »Großen«. Keine Freiräume im Mittelfeld für die ballverliebten Immerdribbler. Jeder ballführende Spieler wird sofort angegriffen. Pressing, Verschieben, ganz selbstverständlich. Sofortiges schnelles Abspiel an die bestmögliche Anspielstation, große Ballsicherheit etc.: Fußball-Azubis mit beinah abgeschlossener Ausbildung. Zwar spielten auch sie Fußball im alten Sinne – erst mal die Zweikämpfe gewinnen –, aber ebenso klar bewegten sie sich in einem Fußball*denken.* Man kann Jugendmannschaften heute auf dem Feld denken sehen. Das konnte man noch vor zwanzig Jahren nicht.

Auch hier zeigt das System Fußball Veränderungen, die gesellschaftstypisch sind. Heranwachsende befinden sich heute in immer stärkerem Maß im Prozess einer Frühprofessionalisierung, die überall im Berufsleben den Bierhol- und Ausfegelehrling ersetzt hat. Das Gleiche gilt für Schüler aller Sparten, von denen zumindest in der Computergewitztheit ein großer Teil seine Lehrer um Längen oder auch Welten hinter sich lässt. Man kann sicher sein, dass sie die Spielvarianten der Großen im Kopf haben, durchgespielt an der Tafel mit dem Trainer in der theoretischen Stunde und auf ihren Zimmern im Computerspiel. Das digitalisierende Denken ist *zu sehen* als körperliche Praxis. Die Trainer haben sich verwandelt in Strategen.

Anti-Kolonialismus

Ein vergleichbarer Alt-Neu-Gegensatz ist auf fast allen Fußballgebieten zu beobachten. Es sind die oben beschriebenen alten Ablaufmuster des jugendlichen »Star-Kickens« auch bei den *Großen,* die Biermann/Fuchs nicht zögern ließen, sie einem *kolonialistischen Denken* zuzuschreiben. Einem kolonialistischen Blick, der zumindest die traditionelle Fußballwelt in ein striktes Unten und Oben geteilt hatte: »Oben war dort, wo Flankengötter residierten oder Dribbelkönige, (...) und natürlich die Spielmacher und Torjäger (...) alle eben, die sich mit niederen Abwehrarbeiten nicht abgeben mussten (...) die Abwehrspieler waren die Malocher, die auf dem Platz die Drecksarbeit zu erledigen hatten.« Die herrschenden Modelle der Arbeitswelt bildeten sich im großen Fußball ebenso selbstverständlich ab wie jene gesellschaftlichen Tendenzen, die auf Veränderung aus waren. »Der Spielmacher erschien in der Außen- und oft genug auch in der Selbstwahrnehmung als eine Art Kolonialherr, als der Kultivierte unter den Ballbanausen und Halbgebildeten.« Unter dieser kolonialistischen Seite des Spiels und der Spielbenennungen haben unzählige »Wasserträger« der Großmannschaften geächzt, unter ihnen so großartige wie etwa Wimmer bei Mönchengladbach. Zu schweigen von den zum Verteidigen, d. h. zum *Zerstören* abkommandierten

Underdogs. Aber schon seit den 60er/70er Jahren gibt es die Gegenbewegung. Schnellinger, Beckenbauer, Breitner, Krol, Scirea, Boby Moore, Carlos Alberto und erst recht die heutigen Abwehr-Stars Joop Stam oder Rio Ferdinand genießen gleiches Ansehen. Zum Kernpunkt der Netzer-Kritik Fuchs/Biermann: »Eine fast schon groteske Pointe fand dieser Blick vom Feldherrnhügel in der späteren, feuilletonistischen Vereinnahmung Netzers als Versprechen auf einen besseren Fußball und damit eine bessere, weil freiere Gesellschaft. Während Netzers Pässe etwa für den Feuilletonisten Helmut Böttiger ›den Geist der Utopie atmeten‹, konnte der Betrachter unschwer erkennen, dass sie ihre Basis in einem ausgeprägten Ich-da-oben-ihr-da-unten-Denken hatten. In einer strikten Trennung von Arbeit und Genie, von Knochenjobs und kreativen Tätigkeitsfeldern, von Untergebenen und Chefs, die sich konsequent auch in einem unterschiedlichen sozialen Renommee und in der Bezahlung ausdrückte.«

Und zusätzlich in der Bezahlung *nach* Beendigung der Karriere, könnte man hinzufügen. Katsche Schwarzenbeck ist nicht im Fernsehen, er verkauft Papier und Zigaretten in seinem Miniladen; was macht Hacki Wimmer? Was Günter Netzer macht, ist bekannt: Er herrscht finanziell über den medialen Zugang zum Weltmeisterschaftsfußball.

In der TV-Kontroverse mit Bundestrainer Rudi Völler im September 2003 hat Günter Netzer sich alle Mühe gegeben, die von Biermann/Fuchs schon 1999 vorgenommene Zuordnung Netzers zum fußballerischen Feldherrndenken zu bestätigen. Der Kern von Völlers Explosion gegen die kommentierende Fernsehklasse bestand ja in der Forderung, die »Kleinen«, die ewigen Wasserträger des Weltfußballs, nicht automatisch als »Besiegte« anzusehen und nur über die Ergebnishöhe zu spekulieren. Island? 5:1 – darunter braucht ihr euch hier nicht blicken zu lassen. Völler fand das obszön.

Bezeichnend sind vor allem zwei Äußerungen Netzers aus seiner Antwort auf Völlers Wutausbruch. Die erste wurde ausgelöst durch Dellings Hinweis, dass die Isländer schließlich Tabellenführer der Qualifikationsgruppe seien. Netzer: »Wie kommen die überhaupt dahin, an die Spitze. Da gehören *wir* hin.« Als Ex-Profi könnte Netzer wissen, dass man durch Siege an Tabellenspitzen kommt; durch mehr Punkte als andere sie haben. Und dann steht man da nicht ohne Grund. Aber: »Da gehören *wir* hin.« Auch wenn *wir* verlieren sollten? Eine solche hybride Äußerung festgeschriebener Fußballweltordnung habe ich selten gehört. Zumal die isländische Mannschaft aus lauter Leuten besteht, die in europäischen Profiligen spielen; und zumal jeder weiß, dass unter Pokalbedingungen – und Qualifikationsspiele haben etwas von Pokal – jede gute Amateurmannschaft an einem besonderen Tag in der Lage ist, die beste Profimannschaft zu schlagen. Was heißt also »da gehören *wir* hin!«. Es heißt: Bedingungslose Kapitulation gefälligst. Schuhe ausziehen, Punkte abgeben, nach Hause gehen. Hier kommt die *Master Race.*

Die zweite Äußerung war ein Wort zum *schlechten Spiel* der deutschen Mannschaft. Dass sie *gut* gespielt hätte, behauptete auch Völler nicht. Aber: Mit einem Punkt aus Island und noch zwei Heimspielen vor sich lag Völlers Team voll im Soll. Gefährdet gewesen wäre die Qualifikation nur im Fall einer Niederlage – und bei zwei projektierten Heimsiegen nicht einmal dann. Strategisch von der Tabelle her war das Unentschieden also ein passables Ergebnis. Kann der Experte keine Tabellen lesen? Kann er sicher, aber er wollte nicht. Netzer sagte: »Eine solche Leistung der deutschen Nationalmannschaft können wir nicht *tolerieren.*« Wer kann so sprechen? Eltern können so sprechen, wenn sie nicht *tolerieren können,* wie ihre Kinder »über die Stränge schlagen«. Oder Lehrer gegenüber Schülern, die ins Schulgebäude pissen.

»Das können wir nicht *tolerieren.*« Wer etwas nicht zu *tolerieren* braucht, spricht aus der Position einer Bestrafungsmacht. Eine solche suchte Netzer hier *ideell* zu installieren vom TV-Studio aus. Für *Urteile,* die er über das Nationalteam fällte. Ein wirklich starkes Stück, und Völlers Reaktion erstaunlich instinktsicher. Der *Herr da oben* ging ganz deutlich zu weit, und dies noch in die falscheste Richtung.

Völlers Wort »Scheißdreck« für die Totalchefsprache dieses anmaßenden Fernseh-Oberherrn, der selbstverständlich davon ausgeht, dass Spiele einer deutschen Mannschaft speziell dazu da sind, seine eigenen Herrschaftsbedürfnisse zu befriedigen, war nicht »Fäkalsprache«, wie eine »betroffene« Sportpresse ungenau mäkelte, es war nichts weniger als *exakt.* Man könnte höchstens ein Adjektiv hinzufügen: *totalitärer* Scheißdreck.

Die Sache berührt auch den schon länger und sicher noch lange schwelenden Punkt, dass das Fernsehen die Spiele macht. Dass also der die Spiele »macht«, der für die Übertragungsrechte gezahlt hat. Dass ein Leo Kirch den Saisonablauf und die Übertragungsmodalitäten mehr bestimmte als die Vereine und die Spieler sowieso. Dass die ARD, wenn sie ein Fußballspiel zur »besten Sendezeit« sendet, dieses Spiel unter der Rubrik Abendunterhaltung einplant – so Gerhard Delling –, also im Rang einer Sendung wie »Wetten dass«. Und nun ärgerlich reagiert, unterstützt vom Urteilsoffizier und Fußballrichter Netzer, wenn *weniger* Unterhaltung rausspringt als bei einer Gottschalk-Show.

In diesem Feld folgt der öffentlich-rechtliche TV-Fußball eher Tendenzen, die im politischen Feld längst weit stärker ausgeprägt sind. Die Dominanzhaltung, mit der Delling und Netzer sich als Moderatoren *über* dem Fußballgeschehen zu etablieren suchen, *kopiert* den Glamour und die Dominanzhaltung, mit der sich die TV-Moderatorinnen Christiansen,

Illner und Maischberger allwöchentlich oder auch alltäglich erfolgreich *über* den Akteuren des politischen Felds installieren.

Die Zuschauer spalten sich vor diesem Phänomen. Eine Reihe von Fußballfans hat in den letzten Jahren das Ansehen von Spielausschnitten im ran-Format, von Sendungen also, die von selbstdarstellerischen Moderatoren dominiert werden, zunehmend verweigert: zu wenig Fußball, zu viel Soap, viel zu viel Moderator, von der Werbung zu schweigen. Die Gesamtquote der Zuschauer stieg allerdings. Was bedeutet, dass mehr Leute zuschauen, die die Fußball-Soap wollen, und weniger, die primär am Spiel hängen. Die das Spiel sehen möchten, gehen ins Stadion und/oder wandern ab zu Premiere. Wenn schon Fernsehen, dann *richtig:* das ganze Spiel bitte.

Leo Kirch lag nicht so falsch mit seinem Riecher für die entwicklungsfähigsten Märkte; er war mit seiner D-Box nur etwas zu schnell und zu geldgierig bei noch nicht ausgereifter Technik. Dass aber ausgerechnet ein Medien-Tycoon wie Kirch im Haifischbecken des Kampfs um TV-Anteile auf der Seite der Bedürfnisse der Fans agierte, ist einer der merkwürdigen Widersprüche, von denen das Geschäft mit dem Privatfernsehen durchzogen ist. Es gibt durchaus *verschiedene Wege*, auf Quote zu kommen: Man kann den letzten Dreck liefern oder aber *das Beste*, was zu liefern ist; das ist im Fall Fußball klar *Premiere*. Wogegen die ARD noch so sehr ansingen kann mit geklauten Songs wie *Football Is Coming Home*. Es *stimmt* einfach nicht.

Teil VI
Vorreiter Fußball?

Eine Vorreiterrolle mit Modellcharakter spielt der Fußball im Umgang mit ausländischen, besonders farbigen Spielern. Erstmals in größerem Umfang diskutiert wurde das im Zusammenhang mit Misserfolgen der deutschen Nationalmannschaft bei der verkorksten WM 1998 und der noch verkorksteren EM 2000. So manchem dämmerte die Einsicht, dass die Unterlegenheit der Deutschen etwa gegenüber Frankreich ihre Ursache auch in einer französischen Überlegenheit ganz unfußballerischer Art haben könnte: in Frankreichs Staatsbürgerschaftsregelung, die jedem in Frankreich geborenen Kind die französische Staatsangehörigkeit gewährt. Auch Kindern, die aus den ehemaligen französischen Kolonien nach Frankreich kamen. Zinedine Zidane ist in Algerien geboren, in Frankreich aufgewachsen, und fußballerisch Franzose. Claude Makelele, Patrick Vieira, Marcel Desailly, Emile Mpenza, Abel Xavier sind ebenfalls gebürtige Afrikaner und spielen nach Einbürgerung für verschiedene europäische Nationalteams. Für Deutschland trat bisher nur ein gebürtiger Afrikaner an: Gerald Asamoah von Schalke 04, aus Ghana.

Nach dem Bosman-Urteil, angesichts dessen reaktionäre Fußballbosse vorschnell den »Untergang des europäischen Fußballs« an die Wand malten, gab es im Jahr 2003 erstmals einen über 50-Prozent-Anteil ausländischer Spieler in den Kadern deutscher Bundesligisten. Der Fußball ist dadurch mehr oder weniger wider Willen in eine gesellschaftliche Vorreiterrolle gedrängt worden. Während in der deutschen Politik durch eine ständige und anhaltende Verschärfung der Einwanderungs- und besonders der Asyl-Gesetzgebung versucht wird, die Illusion erfolgreicher »nationaler Abgrenzung« mit allen propagandistischen Mitteln aufrechtzuerhalten, öffneten viele Bundesligisten aus wirtschaftlichen Zwängen ihre Kader für ausländische Spieler; das heißt zunächst einmal Spielern mit einem geringeren Gehaltsanspruch. Das sind oft afrikanische Spieler und Spieler aus Osteuropa. Der SC Freiburg beispielsweise zählte 2003/2004 acht farbige Spieler in seinem Kader, vier davon Stammspieler.

Der Vorgang erzeugt seine speziellen Widersprüche. So trat bekanntlich der Ostclub Energie Cottbus – in einem eher »fremdenfeindlichen« Umfeld – als erste Mannschaft der Bundesliga ohne deutsche Spieler zu einem Punktspiel an. Das hat fast *alle* Bundesligisten erfasst. Auch den VfB Stuttgart zu Zeiten seines Präsidenten Mayer-Vorfelder, obwohl sich dieser immer wieder als einer der strengsten Gegner der Brüsseler Gesetzgebung zu profilieren suchte. Sein VfB war dennoch der erste deutsche Club, der mit einer Ausländermehrheit ein Bundesligaspiel begann.

Bedeutsam ist hierbei die Kluft (oder auch Nicht-Kluft) zwischen deutschen Zuschauern und ausländischen Spielern, aber auch zwischen den Spielern selber und, besonders wichtig, zwischen Spielern und Schiedsrichtern. »Nummer 13, du nicht Schwalbe machen, sonst du fliegen vom Platz«, gibt Asamoah die Rede eines Schiedsrichters wieder. Asamoah, der erstens der Gefoulte war und zweitens gut Deutsch spricht, bot dem Schiedsrichter im Gegenzug Deutschunterricht an.

In einem Interview-Gespräch mit Asamoah und dem farbigen Stuttgarter Hip-Hop-Musiker Afrob wird ein gravierendes Verhaltensgefälle zwischen deutschen Stadien und Städten deutlich. Das obligate Affengegrunze in einigen ostdeutschen Stadien wurde häufig in Presseberichten dokumentiert. Auch Stuttgart kommt schlecht weg, mit Zuschauerchören wie »Husch, husch, Neger in den Busch«. In Stuttgart, ergänzt der Musiker, ist man als Schwarzer sowieso *die Hauptattraktion*, wo man sich abends auch sehen lässt. In den Städten Hannover oder Gelsenkirchen, sagt Asamoah, stieß er dagegen kaum auf gegen ihn gerichtete rassistische Verhaltensweisen. Er war zu bekannt und als Spieler akzeptiert. Aber es komme schon vor, dass auch bekannte Bundesligaspieler (Namen nennt er höflicherweise nicht) ihn auf dem Platz mit »Komm Neger, steh auf« anraunzen.

Am schlimmsten sei es, wenn sie mit deutschen Mädchen ausgehen. Die Welt füllt sich im Nu mit Rettern der deutschen Jungfrauenunschuld, Gastwirte verweigern den Zutritt. Man fühlt sich, wenn man das Gespräch zwischen den beiden liest, in die Südstaaten der USA zur Zeit der Segregation Ende der 50er Jahre versetzt. Mitten in Mitteleuropa im Jahr 2003 – und nicht etwa nur in Mecklenburg-Vorpommern.

Ein paar farbige Zidanes im Nationalteam könnten wir bestens brauchen. Den Beckenbauer Franz nochmal als *Neger.* Das deutsche National-Herz nimmt willig an, was aus dem Fußball kommt. So wie kein Freiburger protestiert, wenn ihm die georgische Endung »-wili« an den Nachnamen gehängt wird. Wie Volker Finkewili kann man einiges bewirken, wenn von Vereinsseite regelmäßig Aktionen gegen Fremdenfeindlichkeit und Rassenhass initiiert oder unterstützt werden. Warum soll Boubacar kein deutscher Vorname sein?

Der Befürchtung, dass ausländische Fußballer das Aufrücken junger deutscher Spieler in die Profikader behindern, widerspricht Volker Finke im Interview: Auch vor »Bosman« gelang Juniorenspielern selten der direkte Sprung in die 1. Liga oder ins Nationalteam. Spielpraxis müsse in der Regel in niederen Ligen erworben werden. Völler und Beckenbauer widersprechen: Wenn z. B. das Mittelfeld der meisten Bundesligisten mit ausländischen Spielern besetzt ist, geht der Anteil des deutschen Nachwuchses auf diesen Positionen gegen Null. Eine Zwickmühle, aber: *Ohne ausländische Spieler* sind wir in der Champions-League nicht konkurrenzfähig, ergänzt Rummenigge. Deutschland hat in Europa den prozentual höchsten Anteil ausländischer Spieler; in der 2. Liga auch. Ein offenes Problem. Im Fußball wird jedenfalls nicht »Festung Europa« gespielt.

Ein Tunesien-Urlaub: Völkerverständigung & Strandfußball

Nabeul ist eine der größeren Städte Tunesiens, 50.000 Einwohner, Keramikfabriken und Kamelmarkt, auch großer Lederhandel. Ein paar Kilometer weg vom Meer, sehr belebt, sehr arabisch-französisch, die Schulkinder wirken wie kleine Franzosen; wenig verschleierte Frauen, in den Cafés aber natürlich nur Männer. Am Meer, drei Kilometer vor der Stadt: Hotel- und Bungalowanlagen in europäischem Besitz. Man fährt mit dem Taxi billig zwischen Stadt und Meer hin und her, oder etwas teurer mit einer Pferdekutsche. Tunesien lebt sehr vom Tourismus.

Wir sind mit unsern Kindern dort mehrmals in Ferien gewesen; wegen der autolosen Bungalowanlage, wegen der Nähe zum breiten Strand, wegen des nicht zu gefährlichen Meers mit sanfter Brandung und was Eltern und Kinder noch so brauchen, um sich nicht 60 Minuten in der Stunde kontrollierend im Auge haben zu müssen. Am Strand Fußball. Aber mit Spielermangel. Wenig fußballgeeignete oder fußballgeneigte Kinder da; auch Erwachsene nicht zu animieren zu einem kleinen Kick, für Hochball wenigstens; also ein bisschen einzeln aufs Tor geschossen, mal Daniel im Tor, mal ich, und dann tauchten ein paar tunesische Jungens auf und wollten mitspielen. Aber gerne!

Einer von ihnen kam jeden Tag wieder, neun Jahre alt, ein sehr guter Techniker, sehr freundlich, höflich, gut erzogen; wie er hieß, weiß ich nicht mehr. Ich habe ihn in meinem Kopf als »Denardo« gespeichert. Denardo ist der Sohn von Ornette Coleman; er hat schon als Zwölfjähriger auf den Platten seines Vaters als Schlagzeuger mitgespielt. Von dort kenne ich sein Foto, und dieser tunesische Junge sah so aus wie er, genau Denardos Kopfform. Ein sehr angenehmer und willkommener Mensch, oft brachten wir es mit seiner Hilfe und Kontakten zu einem Spiel zwei gegen zwei oder gar drei gegen drei; fußballerisch war der Urlaub gut angelaufen.

Er konnte ein paar Brocken Deutsch und eine Reihe Vereins- und Spielernamen. Monika sprach mit ihm leichter, Französisch. Er fragte, was wir machen, und sie erklärte es ihm, so gut es ging. Ob er zur Schule hätte müssen, ob er also die Schule schwänzte, war nicht richtig herauszubekommen und uns auch relativ egal.

Nach einer Woche fing er an von seinem Zuhause zu erzählen, und ob wir ihn nicht einmal besuchen wollten. Seine Eltern würden sich *sehr* freuen. Der Besuch kam zustande. Wir betraten eine kleine Wohnung in Nabeul, zwei Zimmer, die optisch dominiert waren von der üblichen Gebetsnische, mit einem Teppich ausgelegt, Kerzenlicht, Koran, Bilder des Propheten, Bilder aus der Heldengeschichte des Islam. Ich habe da nicht zu genau hineingeschaut, aber den Eindruck bekommen, dass, wenn sie etwas Geld über hätten, es in diese Devotionalienecke stecken würden; sonst sehr ärmlich. Wir wurden aber reichlich bewirtet mit kalter tunesischer Coca Cola (eins der süßesten Getränke der Welt) und kleinen süßen Kuchen. Die Colaflaschen mit den arabischen Schriftzügen haben sich mir als Inbegriff des Zusammenstoßes der westlich-amerikanischen Welt mit den islamisch-französischen Ländern Nordafrikas eingeprägt.

Schließlich raffte sich der Vater zu einer Rede auf. Mit Dolmetscherhilfe unseres Fußballfreunds verstanden wir, dass er Arbeiter in einer Keramikfabrik war. Der Lohn wäre gering, aber die Arbeiter dürften immer wieder die leicht beschädigten oder die nicht perfekt gebrannten Stücke mit nach Hause nehmen. Er hätte eine ganze Reihe davon und ob wir sie nicht sehen wollten. Ja, bitte sehr, natürlich wollten wir sie gern anschauen. In einem kleinen Schuppen hatte er Wandteller, Krüge, Kerzenständer, Schalen. Wir verstanden schließlich, dass wir eine Gegenleistung für die Bewirtung zu erbringen hatten, und kauften ihm einiges ab. Er war zufrieden. Wir verabschiedeten uns sehr freundlich und beeindruckt von der ruhigen, freundlichen Atmosphäre des Hauses.

Aber mit einem etwas zwiespältigen Gefühl, das wir auf der Rückfahrt zum Hotel in die Frage fassten: »Ob er wohl wiederkommt?« – »Ja, warum sollte er nicht. Er hat doch so viel Spaß bei uns.« – »Er ist doch ein *Freund.*« – »Ja, ist er bestimmt, aber ...« Unser Verdacht, dass seine Aufgabe uns gegenüber mit diesem Einkaufsbesuch erledigt war, seine Eltern ihn also auf Kundensuche schickten, sein Fußballspielen am Strand mit Fremden eine Form von Kinderarbeit war – der Verdacht bestätigte sich. »Denardo« kam nicht wieder. Er spielte nun an einem andern Strand, als kickender Jungprofi mit familiären Nebenaufgaben. Wir haben ihn sehr vermisst. Vielleicht ist er später Profi geworden; sein Talent war exzeptionell: Vielleicht war es ja Zoubaier Baya, und wir haben ihn später im Dreisamstadion beim SC Freiburg bejubelt.

Inzwischen ist Volker Finkes Faible für Spieler aus Tunesien vorbei. Sie müssen zu viel ran für ihr Nationalteam und sind, auch wenn sie hier leben, so sehr eingebunden in die eigene Kultur, ins eigene Land, die eigenen Familien, dass sie sich schwer daraus lösen können. Das ist gut nachzuvollziehen, wenn sie schon mit acht, neun Jahren helfen müssen, das Geld zum Leben für die Familie zusammenzukicken. Den ganzen Ruhm zusammenzukicken für *ihr Land*. Sie sind alle sehr fußball- und familien- und nationalbewusst in Tunesien. Und gute Spieler allemal. »Denardo« war ein besonders guter. Er hat eine Nische in meiner *Football Hall of Fame*.

Anmerkung zur Pärchenbildung

Unter den vielen exakten Beschreibungen typischer Fußballzustände bei Biermann/Fuchs gibt es eine zur Paarbildung auf dem Platz, in der mehr steckt, als die Autoren damals gesagt haben: »Der linke Verteidiger spielt gegen den Rechtsaußen, der rechte gegen den Linksaußen und der Vorstopper spielt gegen den Mittelstürmer. Dazu kamen ein defensiver Mittelfeldspieler, der den Spielmacher in Manndeckung nahm; ein so genannter Verbindungsspieler, der sich in Defensive und Offensive einschaltete und dabei entweder sein Pendant beim Gegner verfolgte oder aber von ihm verfolgt wurde. Und, natürlich, Spielmacher, Linksaußen, Mittelstürmer, Rechtsaußen – die Akteure, deren einziges Augenmerk dem Offensivspiel galt. Es gab auf dem Platz also neun sich jeweils gegenseitig das Spiel schwer machende Pärchen, und ganz hinten noch einen Ausputzer, der helfen musste, wenn eine dieser Auseinandersetzungen zugunsten des gegnerischen Teams ausging.«

Man kann hier ergänzen, dass es vergleichbare Paarbildungen auch in den *eigenen* Mannschaften gab. In einer der TV-Folgen zum 40-jährigen Bestehen der Bundesliga höre ich den alten Charly Dörfel aus Hamburg mit seiner Clownsglatze gut gelaunt in einer Hamburger Kneipe erzählen, wie Uwe Seeler und er auf dem Platz ein »Ehepaar« gewesen wären. Uwe und er hätten vierzehn Jahre lang »eine glückliche Fußballehe«

geführt, denn keiner konnte die Flanken so passend auf den Kopf von Uwe schnibbeln wie er. Uwe dankte es ihm. Er blieb zeitlebens bei Charly und beim HSV. Niemand hatte dort eine Chance auf dem linken Flügel, solange Charly noch ein Bein heben konnte. Er paarbegleitete Uwe sogar in die Nationalmannschaft und hatte bei alldem noch einen Sonderbonus. Dörfel blieb von Uwes ständigem Gemecker verschont, »weil ich ja auf dem Flügel etwas weiter von ihm weg war«. Das waren die Zeiten, als eine gute Spitze, damals »Mittelstürmer«, in Idealehe mit ihrem Außenstürmer mindestens ein, zwei Tore pro Spiel garantierte. Eine Zeit, als die Spieler noch zu Paaren geordnet waren und *in der Tat* in der »äußeren Gesellschaft« so gut wie kein Single zu finden war, außer notorische Einzelgänger, Sitzengelassene, Asoziale und andere Verdächtige. Dass auch die Männer Liebespaare hätten bilden können, *sexuelle* Paare, wurde nicht erwogen. Von der *Homoehe* zu schweigen. *Einer* in solchen Fußball-Männerpärchen musste fiktional auf die Position »Ehefrau« festgelegt sein.

Es dauerte bis zur WM 1982 in Spanien, dass die Pärchenbildung in den Teams, wer mit wem auf welchem Zimmer, ein öffentliches sexuelles Thema wurde. Italienische Boulevardjournalisten behaupteten homosexuelle Beziehungen im Team der Italiener. Nach einem Bericht der *Badischen Zeitung*, den ich Ende Juni 1982 las, hatte sich die italienische Fußballnationalmannschaft zu einem Presseboykott entschlossen, nachdem auf die Squadra Azzurra nach der Vorrunde harte Kritik und Beleidigungen gefeuert worden waren. Die Italiener hatten dreimal nur unentschieden gespielt und dabei nur zwei Tore geschossen. Zielscheibe der Angriffe war vor allem Stürmer Paolo Rossi, der in den ersten Spielen der Italiener enttäuscht hatte und torlos geblieben war. Rossi war wegen Verstrickung in einen Bestechungsskandal zwei Jahre gesperrt gewesen und durfte erst seit Ende April 1982 überhaupt wieder spielen. Dem »Faccia d'Angelo« (Engelsgesicht) Rossi wurde vorgeworfen, er habe ein Verhältnis mit dem Verteidiger Antonio Cabrini, der auf Internetseiten auch heute noch Bel Antonio genannt und in der *Badischen Zeitung* Ende Juni 1982 prompt »Antonia« geschrieben wird. Rossi wird mit dem Satz zitiert: »Von solcher Art der Berichterstattung habe ich jetzt endgültig die Schnauze voll.« Dies war also nicht das erste Mal, dass italienische Blätter mit dem Homosexualitätsverdacht gegen Rossi vorpreschten.

Die italienische Mannschaft agierte daraufhin in der Zwischenrunde zuerst gegen Argentinien so hart wie selten zuvor und gewann 2:1 (Rossi noch immer ohne Tor). Im Spiel gegen den inzwischen haushohen Turnierfavoriten Brasilien (mit Zico, Falcao etc.) schoss Rossi alle drei Tore zum 3:2-Sieg. Halbfinale gegen Polen 2:0, beide Tore wieder Rossi. Im Finale schlagen die Italiener die (unschwulen) Deutschen dann so überlegen, wie selten ein Endspiel gewonnen worden ist: 3:1, nach 3:0 Führung. *Deklassiert.* Nach Rossis 1:0 war die deutsche Mannschaft zusammengebrochen. Rossi wird mit sechs Toren Torschützenkönig.

Alles vergeben! Eine Mannschaft, die Weltmeister wurde, setzte *für diesen Moment* die Möglichkeit homosexueller Paarbildung in einem Fußballteam durch. Wäre die italienische Mannschaft frühzeitig ausgeschieden, hätten die schwulen Sünder ordentlich auf den Pelz bekommen. Als Weltmeister durfte man 1982 aber (notgedrungen) schwul sein, weil das Team gewonnen hatte und der angegriffene Rossi mit sechs Treffern Torschützenkönig geworden war. So wie zehn Jahre später die weltbeste Tennisspielerin Martina Navratilova ihrer überragenden spielerischen Qualitäten wegen lesbisch sein »durfte«. Das war ein wirklicher Durchbruch. Im Fußball war dieser Durchbruch nicht von Dauer. *Niemand* der Experten, mit denen ich beim Schreiben dieses Buchs gesprochen habe, erinnerte sich an die versuchte Schwulenverfolgung des »Engelsgesichts« Rossi und an ihr Scheitern bei der WM 1982. Sie ist aus dem Gedächtnis und den Archiven des Spiels gelöscht. Eine Vorreiterrolle wie bei der Beschäftigung ausländischer Spieler ist dem Fußball in diesem Bereich nicht zugewachsen. Homosexualität unter Spielern ist ein Tabuthema geblieben. Wie in der amerikanischen Armee, gegen die das Präsidentenpaar Bill und Hillary Clinton mit seiner Initiative zur Erlaubnis schwuler Beziehungen in der Army scheiterte. Was der OB-Kandidat Klaus Wowereit dann in Berlin im Jahr 2001 dankenswerterweise vollzog, hätten durchaus ein paar Fußballspieler (mit) einleiten können.

Obwohl das Thema in den Vereinen und in den Verbänden weiter zu den tabuisierten zählt, ist es heute nicht mehr ausgeschlossen, sich auf den vielen Ebenen der Selbstdarstellung in der Pop-Welt des Fußballs auch für die schwule *Option* zu entscheiden. Einen neuen öffentlichen Umgang mit Sexualitätsformen demonstriert an erster Stelle das Ehepaar Beckham. Beide sind internationale Popstars in einer Ehe aus Music- & Football-Business, mit zwei Kindern. Unter den Fußballern ist Beckham der größte Frauenschwarm. Zum Ärger so genannter Traditionalisten spielt er tatsächlich blendend Fußball. Die Darstellung der Beckhams nach außen ist ein Spiel mit Vieldeutigkeiten. Beckham war der erste Mann auf dem Titelbild der Frauenzeitschrift *Marie Claire*. Kurz danach erschien er auf dem Cover des englischen Schwulenmagazins *Attitude*. Seine Foto-Posen im Heft unterscheiden sich nicht von denen der anderen Männer dort. Gay-Sein ist zu einer sozialen Haltung geworden, für deren Ausstellung man nicht unbedingt selber schwul sein muss. Der fußballerische Spezialist für die geniale Flanke und das exquisite Freistoßtor stellt sich als eine Art *tänzerischer Gleiter* im Sexuellen aus. Die

Vorbedingung dafür ist: Man muss tatsächlich *sexy* sein. So wie man tatsächlich Fußball spielen können muss. Sonst werden einem die »Posen« nicht abgenommen, hier wie dort.

In Ländern wie der Türkei werden sie sowieso nicht abgenommen. Im EM-Qualifikationsspiel 2002 in Istanbul wurde Beckham nicht nur übelst gefoult, sondern im Kabinengang geschlagen. Idiotischen Fans von Olympique Marseille, die ihn 2003 auf Plakaten als *Spice Boy* verhöhnten, antwortete er mit einem Freistoßtor in den Winkel. Real Madrid erreichte die nächste Runde der Champions-League; Marseille, superhart nicht nur gegen Beckham, schied als Gruppenletzter aus.

Als Beckham im Regen des Spiels gegen Dänemark bei der WM 2002 die gel-gestylte Frisur nicht halten wollte – trotz Nachbesserung in der Halbzeitpause –, beauftragte Spice Girl Victoria »Posh« Beckham den englischen Star-Coiffeur Aidan Phelan, nach Japan zu fliegen und die Frisur fürs nächste Match haltbarer zu machen. Sie tat dies im »nationalen Interesse Englands«. Überhaupt offenbart Englands Fußballwelt (jedenfalls in ihren lockeren Teilen) angemessenen Witz, wenn sie das Anwesen, das Victoria Beckham mit ihrem Mann bewohnt, respektvoll-respektlos »Beckingham Castle« nennt oder auch »Beckingham Palace«, das Schloss mit der wahren Königsfamilie.

Die Zwangslage für die wirklich homosexuellen Spieler ist damit nicht beendet. Immerhin gibt es mit Corny Littmann beim FC St. Pauli den ersten *homosexuellen Präsidenten* eines großen Fußballvereins. Littmann äußert sich in einem Interview dazu vorsichtig: »Homosexualität ist ein Tabu im Fußball. Fußballer dürfen nicht schwul sein. Natürlich gibt es einige schwule, aber keine bekennenden. Ich würde als schwuler Fußballer auch meine Neigungen für mich behalten. Diese Belastung hält keiner durch.« Angesprochen auf den bekennend schwulen englischen Fußballprofi Justin Fashanu antwortet Littmann: »Ja, er wurde entlassen, ging nach Kanada, hatte da Schwierigkeiten und hat sich schlussendlich erhängt, weil er den Druck nicht mehr aushielt.«

Der Fall Fashanu ist inzwischen berühmt. Der Transfer des 18-Jährigen war Nottingham Forest 1980 eine Million Pfund wert. Niemals zuvor, notierte die Presse, hat ein Club in England so viel Geld für einen dunkelhäutigen Spieler ausgegeben. Nottingham Forest, damals ein europäischer Spitzenclub, hatte gerade den Europapokal der Landesmeister verteidigt. Aber Trainer Brian Clough warf Fashanu aus dem Kader, als ihm dessen Besuche von Schwulen-Discos kolportiert wurden. Fashanu outete sich, kam aber nirgendwo recht wieder auf die Füße. Schließlich wurde ihm eine angebliche Vergewaltigung angehängt. Ohne Vertrauen auf heterosexuelle Richter nahm er sich das Leben.

Inzwischen ist einiges geschehen. In Berlin gründet der Schauspieler Stephan Meyer-Kolhoff mit den *Hertha-Junxx* im August 2001 den ersten offiziellen schwul-lesbischen Fußball-Fanclub der Bundesliga. Der Verein akzeptiert den Fanclub. In Köln finden die *Gay Games* statt, eine schwule Olympiade. Der DFB schickt eine Grußadresse an die teilnehmenden Fußballteams. In England ruft Sportstaatssekretär Tony Banks 1999 in der BBC homosexuelle Fußballer dazu auf, sich offen zu ihrer Sexualität zu bekennen. Nur so könnten Vorurteile gegenüber Homosexuellen im Sport bekämpft werden. Banks hatte sich zuvor mit homosexuellen Spielern getroffen, die Namen blieben geheim. Sie hatten ihm gesagt, dass sie als Sportler nicht ihr Bestes geben können, solange sie ihre Sexualität hinter den üblichen Machogesten verstecken müssen. Aber niemand outete sich.

Jürgen Domian, Kölner Nachttalker im Radio und im WDR-Fernsehen, sagt bei Harald Schmidt: »Mindestens 15 bis 20 Prozent der Fußball-Profis sind schwul oder bisexuell.«

Auf Nachfrage einer Zeitung erläutert er: »Ich kenne zwei Hochkaräter aus der Liga, wirkliche Fußball-Stars, die mit mir offen darüber geredet haben. Wenn man das statistisch hochrechnet, kommt man auf diese Quote.« Das ist zwar statistisch etwas lax, aber auf die genaue Prozentzahl kommt es nicht an. Es mag auch übertrieben sein, wenn Domian sagt: »Nirgendwo in der Gesellschaft gibt es so viele Doppelleben wie in der Bundesliga.« Aber im Kernpunkt stimmt er überein mit Littmann: »Wer sich outet, dessen Laufbahn wäre absolut im Arsch.«

Littmanns Antwort auf die Frage, ob er, der Travestiekünstler und bekennende Schwule, bei einem anderen Verein als St. Pauli als Chef vorstellbar wäre, lautet: Der Verein ist eine absolute Ausnahme. Bei einem anderen Klub wäre ich nicht als Boss denkbar.« – »Und was wird es erst geben? Einen schwulen Bundeskanzler oder Nationalspieler?« Littmann ist sicher: »Den schwulen Kanzler.«

Knapper kann man es nicht formulieren: Eher wird, nach Littmann, die ganze BRD zu St. Pauli, als dass der DFB einen offen schwulen Kicker auf den Platz lässt. »Wenn man im Sport diese Vorurteile nicht abbauen kann, frage ich mich: Wo dann?« – so Hermann Brem, Organisator der schwulen EuroGames 2004 in München. Er fügt hinzu: »Es müsste die Vereinsspitze sagen, dass sie kein Problem damit hat, das würde die Sache erleichtern.« Brem spricht im Wissen, dass neue Freiheiten in unserer Gesellschaft erst immer hart erarbeitet werden müssen. Der Fußball kann die Chance durchaus noch ergreifen.

Teil VII
Statements

Verweigerung & Rechtsnormen

Für mich gab und gibt es zwei Punkte, die mich dazu bringen können, mein Fan-Tum für das Spiel einzustellen. Das sind gezielt agierende Klopper und die prinzipielle Möglichkeit schiedsrichterlicher Selbstherrlichkeit. Spiele, die durch unangemessene bzw. schlicht falsche Schiedsrichterentscheidungen entschieden werden, egal für oder gegen wen, bringen mich zur Weißglut. Ich sehe nicht 90 Minuten der Arbeit von Spielern zu, die manchmal Schwerarbeit ist und meistens »ehrlich« ausgeführte, um dann erleben zu müssen, dass irgendein überforderter oder auch böswilliger Pfeifengott diese Arbeit mit irrwitzigen Pfiffen zunichte macht. Das kündigt für mich den »Gesellschaftsvertrag«, der mich mit dem Spiel verbindet. Zu diesem gehört die Gewissheit, dass nicht *willkürlich* über Sieg oder Niederlage entschieden wird. Dann bräuchte man gar nicht erst *zu spielen.* Und ich würde weder ins Stadion noch vor den Fernseher gehen.

Die »Gleichheit der Mittel« der Spielenden ist zwar durch ungleiche Finanzkraft der Vereine schon erheblich eingeschränkt, aber innerhalb dieses Rahmens ist es möglich, dass jeder kleine Verein der Liga jeden großen schlagen kann. Unter Pokalbedingungen sogar Amateurclubs jeden Großverein. Weil eben nicht die Geldsummen gegeneinander antreten, sondern elf Spieler gegen elf Spieler. Die haben meist auch mal auf der Straße angefangen und genießen keinen *Denkmalschutz* auf dem Platz; was sie auch wissen und akzeptieren.

Schiedsrichter können dieses Gleichgewichtssystem zerstören und *genießen* Denkmalschutz. Ihre Entscheidungen gelten. Wenn ich mehrmals nacheinander erleben muss, dass ein Verein nur deshalb Deutscher Meister wird, weil Schiedsrichter reguläre Gegentore gegen ihn nicht geben und/oder notfalls so lange nachspielen lassen, bis das benötigte Meistertor fällt, dann weiß ich nicht, wozu ich eine Saison lang das Kräftespiel der achtzehn Mannschaften verfolge. Jedenfalls nicht, um von Schiedsrichtern entschieden zu bekommen, dass es Stuttgart ist oder dass es die Bayern wieder mal sind.

Opfer kann jeder sein. In diesem fußballerischen Augenblick, Herbst 2003, trifft es Arminia Bielefeld, momentan Zweitligist. Zwei reguläre Tore gegen Erzgebirge Aue werden nicht anerkannt. Zweimal heben Linienrichter die Fahne falsch. Dabei sind es nicht einmal *knappe* Abseitsentscheidungen, sondern solche, die der Schiedsrichter auch ohne Linienrichter »richtig« hätte sehen können/müssen. Das Spiel endet 1:1. Fehlen Bielefeld am Ende der Saison zwei Punkte zum Aufstieg, sind es *diese beiden* ihnen hier gestohlenen.

Der Schiedsrichter und seine Assistenten als Willkürherrscher auf dem Platz sind ein schändliches Überbleibsel vergangener Herrschaftsformen. Wir haben jetzt in der BRD 57 Jahre Fußball unter demokratischen Umfeldbedingungen, aber den Schiedsrichter mit Befugnissen, die wilhelminisch sind. Er kann gut und umsichtig pfeifen, er kann aber auch zum diktatorischen Terrormann mutieren, wenn er seine Rechte schlecht gebraucht. Und dies *ohne eine reale Einspruchs- oder Korrekturinstanz.* Für mich ist das ein Fall für Brüssel. Die päpstliche Rechteausstattung der Schiedsrichter widerspricht jeder europäischen Rechtsnorm.

Der zweite Umstand, der mich in bestimmten Momenten spontan den Beschluss fassen ließ, »Du siehst da nicht mehr hin«, den ich dann natürlich nicht eingehalten habe, waren Verletzungen, wie sie z. B. Rudi Völler von Klaus Augenthaler 1986 abbekam. Es war noch zu Zeiten der 2-Punkte-Regel; Werder Bremen drohte in der Tabelle zu enteilen und trat bei Verfolger Bayern München an. Klaus Augenthaler erzählte

Journalisten, dass bei einer Niederlage Bremen kaum mehr einzuholen wäre. Im Spiel foulte er den besten Bremer, Rudi Völler, so schwer, dass der vom Platz musste und fast für den Rest der Saison ausfiel. Bayern verlor nicht, holte Punkt um Punkt gegen Bremen auf und wurde knapp Meister. Weil Völler sozusagen *mit Ansage* ins Lazarett geschickt worden war (und weil Michael Kutzop im Rückspiel gegen die Bayern einen Elfmeter an den Pfosten setzte. Manchmal ist er echt zum Kotzen, der Fußballgott).

Dieses Verfahren, mit voller Absicht die besten Spieler des Gegners vom Feld zu holzen, war eine ganze Weile die Spezialität diverser Spitzenclubs. Im Pokalfinale 1998 traf es Bachirou Salou vom MSV Duisburg. Die Bayern bekamen ihn nicht in den Griff, lagen zur Halbzeit mit 0:1 zurück. Es hätte auch 0:3 heißen können. Es war abzusehen, dass der an diesem Tag kaum zu bremsende Salou das Ding irgendwann entscheiden würde. Kaum zehn Minuten nach Wiederanpfiff war er, in Arbeitsteilung übel zusammengetreten, vom Platz. Bayern gewann 2:1. »Ich kuck nie wieder Fußball« … diesen Scheißdreck geduldeter Revolvergewalt von Spitzenclubs kuck ich mir nicht freiwillig länger an …

… ist nicht einzuhalten, und manchmal vielleicht auch ungerecht. Vielleicht stimmt es ja, wenn Hoeneß im *40-Jahre-Bundesliga*-Rückblick beteuert, Völlers Verletzung war an der Leiste, und das könne nicht Augenthaler gewesen sein. Natürlich kuckt *man* wieder. Auch Spiele der Bayern, bei denen es wunderbare Mannschaften gab (und gelegentlich noch gibt), wo man ja blind sein musste, nicht Fan zu sein.

Die erweiterte Fußballberichterstattung

Die Veränderungen in der Fußballberichterstattung, die in der Tendenz schon länger sichtbar waren, haben erst in den letzten Jahren entscheidend an Boden gewonnen. Das verdankt sich an erster Stelle der Entschiedenheit junger Sportschreiber, tatsächlich *von den Spielen* zu berichten, Spielvarianten zu diskutieren, taktische Erwägungen darzustellen und welche Spieler sie umgesetzt haben oder nicht. Dazu gehören Interviews mit Trainern, die sich um primär Fußballerisches drehen und nicht um die ran-Lieblingsfrage, wie *heiß der Stuhl sei*, auf dem ein Trainer am nächsten Samstag im Stadion (noch) sitze oder eben nicht.

Der Umschwung hat seine Ursachen zuerst einmal darin, dass eine junge Sportschreibergeneration ihren Kopf und ihre Finger nicht nur im Sportjournalismus hat, sondern ebenso in anderen Bereichen: Kultur, Popmusik, Politik und weiteren. Sie sind weder fußballerische Fachidioten noch verstehen sie sich als *Volkserzieher*, als die viele Sportschreiber alter Schule sich gefielen. Zwar schrieben auch sie über das jeweilige Fußballspiel, das Ergebnis selber ist schließlich nicht fälschbar. Gleichzeitig aber machten sie, von Ausnahmen wie Vetten, Schröder oder Kaiser abgesehen, Reklame für bestimmte gesellschaftliche Haltungen; besonders für die Tugend der *Unterordnung* unter Trainer- und Schiedsrichteranweisungen. Ob mit direkten Absichten oder auch nur, weil es zeitgemäßen Schreibgewohnheiten entsprach, benutzten viele Reporter die Sportspalten zur Aufrechterhaltung und Verlängerung gesellschaftlicher Hierarchien. Dass Streiks z. B. etwas Verwerfliches seien, war dem Sportteil eher noch stärker zu entnehmen als den Politikseiten.

Diese Sorte Sportschreiber ist in Pension gegangen oder ausgestorben; nachgewachsen nur in einigen Etagen des

Boulevards, d. h. *nachgezüchtet.* Zeitungen wie *BILD* haben nie ein Hehl aus den jeweiligen *politischen Stoßrichtungen* ihrer Sportberichte gemacht. Gute überregionale Tageszeitungen leisten sich heute solche Schreiber nicht mehr und die meisten Regionalzeitungen ebenso wenig wie die meisten Fernsehanstalten. Es gibt eine deutliche Zurückhaltung in der Beurteilung von Spielern, die als das Einfordern *politischer Haltungen* gelesen werden könnte.

Der Qualitätssprung, den die allgemeine Fußballberichterstattung, nein, den die Sportberichterstattung dadurch insgesamt gemacht hat, ist riesig. Man kann die Sportteile heute überwiegend als Informationsseiten lesen, in denen ein fachkundiges Schreibpersonal den Lesern die Lage auf den Plätzen und in den Tabellen nahe bringt. Übrigens, ohne dabei die eigenen Präferenzen für diesen oder jenen Verein verbergen zu müssen. Fan-Tum ist also eingeschlossen.

Dieser Zug dürfte aus der Popschreibe in die Sportberichterstattung gelangt sein: Man ist Fan dieser oder jener Band, wie auch dieses oder jenes Vereins. Eine Präferenz, die man einerseits nicht zu begründen braucht, weil ihr absoluter Subjektivismus anerkannt ist. Die andererseits den anspruchsvolleren Schreiber-Fan aber dazu verpflichtet, nicht nur »Schalke über alles« zu behaupten oder entsprechend »Bochum« oder »BVB«; sondern die eigene Wahl nachvollziehbar zu machen, d. h. sie mit möglichst vielen Kenntnissen zu unterfüttern – warum man also Neil Young schätzt und Elton John nicht. Arsenal, Chelsea, ManU schätzt oder auch alle drei, und *Liverpool* dafür nicht. Aber nicht nur mit der eigenen bedingungslosen Anhängerschaft.

Auf diesen Ebenen hat sich ein breites Expertentum entwickelt, das mehrere Quellen hat. Das Schreiben über Fußball ist nicht mehr Sache der Sportreporter allein. Im Zuge der allgemeinen Emanzipation der *Sportwissenschaften* zu einem selbstständigen und konkurrenzfähigen Universitätsstudienfach gibt es Fußballhistoriker, Fußballwissenschaftler, Fußballtheoretiker, Fußballmediziner usw., unter deren Einfluss das Stammtisch-orientierte Schreiben weitgehend verschwunden ist. Vom selben Prozess der Versachlichung und Verwissenschaftlichung sind auch die Trainer erfasst. Journalisten der jungen Generation haben oft studiert, und nicht nur Journalismus. Selbst die *BILD*-Zeitung muss sich heute in ganzseitigen Artikeln zum Beispiel mit den Ursachen der gehäuft auftretenden Kreuzbandrisse spekulativ befassen. Sie klaut das zwar weitgehend aus anderen Zeitungen, aber immerhin, sie übernimmt diese Themen. Weil die Leserklientel so etwas *wissen will.*

Diese Entwicklung entfaltet inzwischen einen merkwürdigen Widerspruch in einer ganz anderen Richtung. In den Fußballteilen aller anspruchsvollen Zeitungen bekommt man heute den Eindruck vermittelt, *umfassend* orientiert zu werden. Einschließlich jeder Schwellung oder Prellung am vierten Zeh seines Lieblingsspielers, über die Patellabeschwerden, den Darmzustand und das Verhältnis zur Freundin. Ob Olli Kahns Bindehautentzündung mit Cortison zu behandeln war oder besser mit Antibiotika und ob der Trainer deswegen Aufstellungsänderungen erwägt. Es ist nicht übertrieben zu sagen, dass wir den körperlichen Zustand mancher Spieler vor wichtigen Spielen besser kennen als unseren eigenen. Was weiß ich schon von meinen Laktatwerten. Geschweige denn von ihren Schwankungskurven. Ich kriege aber aus der Zeitung zumindest Andeutungen darüber, dass sie bei Herrn Kuranyi, Lizarazu oder Lucio bei Saisonbeginn noch nicht so doll sind oder aber super. Ich erfahre sogar früher als mancher Spieler selber, wohin er in vier Wochen wechseln wird. Ich werde informiert über die Geldsorgen der Vereinsbosse und über die Prozente, die eine Betreibergesellschaft erwirtschaften muss, damit die Schalke-Arena sich trägt. Steht alles da und trifft meist zu. Was mich nicht etwa stört. Ist ja schön, was einem alles erzählt wird; wo früher eher Geheimniskrämerei und Getuschel hinter halb verschlossenen Türen war; also das reine *Gerücht* herrschte.

Woher kommt mit Mal diese reporterliche Vielseitigkeit und auffällige Offenheit im Sportbereich? Zeitungen und Fernsehanstalten gefallen sich ja nach wie vor in der Selbstdarstellung, sie würden uns gut unterrichten über alles, was in der Welt vorgeht, und zwar ausführlich, ehrlich, unzensiert und umfassend. Das möchten sie vielleicht auch gern, aber in sehr vielen Fällen können sie es nicht. Ich meine nicht nur Fälle bestimmter Kriegshandlungen, wo kein Journalist sich ohne große Todeswahrscheinlichkeit zu nah ans Geschehen herantrauen kann. Ich spreche von den Vorgängen in der ökonomischen, politischen, der militärischen oder wissenschaftlichen Welt, die mit voller Absicht von ihren Beteiligten nicht veröffentlicht werden. Von Mafia und anderen kriminellen Welten ganz zu schweigen. Hier *gibt es* schlicht nicht die Informationen über das, »was der Fall ist«. Man könnte sie als »investigativer Journalist« herausbekommen, aber wie viele davon gibt es schon. Investigation ist zeitaufwendig, teuer und oft auch gefährlich. Überwiegend kommt sie in Kriminalromanen vor.

Zeitungen und Fernsehen begnügen sich in den meisten Fällen mit den Auskünften der Nachrichtenagenturen. Wir erfahren *nichts*, aber auch wirklich gar nichts darüber, was zwei Konzernbosse auf ihrer Sitzung in Philadelphia vorgestern beschlossen haben zum Umgang mit gewissen afrikanischen Rohstoffen. Ein Vorgang, der die bedeutendsten politischen, ökonomischen und sozialen Folgen für den Kontinent haben kann und für andere Kontinente mit. Eine *Nachricht* wird dies nur, wenn die beteiligten Damen und Herrn es für opportun halten, Bruchstücke davon in bestimmten

Momenten öffentlich werden zu lassen. Fast *nichts* erfahren wir auch davon, was hinter militärischen und wissenschaftlichen Labortüren geschieht; jedenfalls nicht im Moment, wo es geschieht, sondern, wenn überhaupt, später, oft Jahrzehnte später. Wir leben in einer Informationsgesellschaft aus großenteils Uninformierten, was ein etwas peinlicher Befund für unsere aufwendigen Informationsapparate ist. Sie füttern uns unentwegt – und wir wissen in vielen Punkten dennoch nicht, was läuft. Was wo läuft. Und was wie läuft. Aber wenn wir den Sportteil aufschlagen, sind wir im Bild – – – zumindest wenn man *die Summe* der einzelnen Sportteile zieht. Im Gespräch mit Journalisten erfahre ich sogar, wie viel Prozent der jährlichen Produktion einer bestimmten Davidoff-Zigarre Schalkes Manager Rudi Assauer ganz allein aufkauft und verbraucht.

Es ist bei genauerer Betrachtung und Abwägung schon *ungeheuerlich*, welchen Raum Tageszeitungen für Sportliches und für den Fußball insbesondere zur Verfügung stellen. Leserservice ist das eine. Eine erhebliche Anzahl von Zeitungslesern kauft die Tageszeitung der aktuellen Fußballberichte wegen. Sportleser sind ein bedeutender ökonomischer Faktor. Aber irgendwie stellt dieses Quotenargument nicht zufrieden.

Im Bereich der politischen Verfahrensweisen gibt es den Begriff des *Dual Use*: Ein und dieselbe Sache kann für *Verschiedenes* gebraucht werden. Das Messer kann zum Essen und zum Erstechen dienen. Die Chemieanlage für die Herstellung von Plastik, Medikamenten oder Waffen. Vielleicht ist jener Eindruck, der uns via Fußballbericht weismacht, wir würden *im Prinzip* umfassend informiert, Teil einer solchen Doppelnutzung. Großzügige Zeitungsmacher stellen cleveren jungen Sportreportern den Raum zur Verfügung, den zeitungskaufende Sportleser in »ihrem Blatt« wünschen, und lassen ihnen weitgehend freie Hand. Jüngere Sportschreiber bestätigen, dass es eine »redaktionelle Linie« in Entsprechung zur »politischen Linie« einzelner Blätter nicht gibt. Sie schreiben vergleichsweise *unzensiert* und weitgehend unbehelligt von redaktionellen Vorgaben. Das ist zumindest im Tageszeitungsgeschäft ungewöhnlich. Was die neuen Sportschreiber vielleicht gar nicht besonders vermerken, weil sie es als selbstverständlich betrachten. Ein wenig aus der Distanz besehen, kann sich jedoch durchaus der Eindruck ergeben, dass der viele (relativ genaue) Fußball u.a. auch dazu da ist, gewisse *Lücken* in der Blattstruktur nicht sichtbar werden zu lassen. Dass er also helfen soll, das Fehlen von Genauigkeiten in anderen Feldern zu überdecken und zu kompensieren. Das wäre keine ganz *unbedeutende* Funktion in der Aufrechterhaltung der allgemeinen *Glaubwürdigkeit* von Tageszeitungen. Wenigstens *Fußball* »stimmt«.

Allerdings stehen auch längst nicht alle laufenden Fußballmachenschaften aus dem *Herzen der Finsternis* des Geschäfts in der Zeitung. Für das sehr erfolgreiche Herumhantieren des *FC Bayern* in der Chefetage und im Spielerkader von *Bayer Leverkusen* (Daum, Völler, Ballack, Zé Roberto) sind eine Reihe von »Versionen« im Umlauf, die in den Zeitungen *nicht* diskutiert werden. Wie auch eine ausgesprochen erfindungsreiche Geschäftsführung bei Borussia Dortmund unter der Präsidentschaft von Gerd Niebaum, für die sich lange niemand interessierte. Der Modernisierungsschub, der die Fußballseiten in den letzten Jahren viel grundlegender pflügte als etwa die Seiten der Feuilletons, hat seine Grenzen wohl da, wo auch andere Ressorts ihre Grenzen finden oder gezeigt bekommen: im allgemeinen *Stil* von Redaktionsstuben. Auch der »aufgeklärte« Sportjournalist ist eingespannt in regulierende *Netze;* in journalistische Kraftfelder mit Sprachregelungen und »Schamgrenzen«. Der

Sportteil wurde aufgewertet, funktioniert aber nicht *für sich allein*.

Die *doppelte Rede* der Sportseiten wäre also nicht einfach verschwunden, sie hätte ihre Funktion gewechselt. Ganz sicher fordert sie nicht mehr Unterwerfung ein, sie propagiert vielmehr eine neue Freiheit neuer Beweglichkeiten. Die, aus manchen Interessenblickwinkeln gesehen, durchaus den Gesetzen des *Dual Use* unterworfen sein kann. Manche Freiheiten werden ja immer auch dazu eingeführt, mögliche andere gar nicht erst sichtbar werden zu lassen. Der Ausgangspunkt dafür muss nicht immer »planende Absicht« sein. Vieles vollzieht sich im kaum wahrnehmbaren Wechsel von Alltagsroutinen oder in Paradigmenwechseln, die undiskutiert bleiben. Forciertes Nachdenken über sich selbst war noch nie eine Stärke gesellschaftlicher Institutionen. Die Publikationsinstitution, die permanent über sich nachdächte, ist *sowieso* noch nicht erfunden.

Parallelwelten Revisited: Zigarren und Realitätsmodelle

Wenn ich, mit aller Vorsicht, vom digitalisierten Fußball gesprochen habe – als Vorschlag zur Neueinstellung der Augen auf das Spiel –, sollte man die Entwicklungsstufen des Spiels, den Wechsel der Spielstrategien und Spielsysteme vor Augen haben. Nachrücken, Verschieben, Übergeben, ständiges Rochieren der Positionen – wie sie ein Markenzeichen auch der ersten französischen Europameistermannschaft von 1984 um Platini, Giresse und Tigana waren. Bixente Lizarazu sagt im Interview, dass es im französischen Fußball den Begriff »Führungsspieler« nicht gibt und auch unter Spielmachern wie Platini nicht gab. Abbau des Klassenunterschieds zwischen

Leader und Wasserträger, flache Hierarchien, eine Demokratisierung des Spiels. Witzigerweise ist Kurzpassspiel egalitärer als langer Flugball. Musikalisches Spiel, an Stelle von soldatischem. Und damit weg vom »mechanischen Spiel«, dessen Hauptbegriff – wenn gar nichts mehr ging – *die Brechstange* war. Nichts anderes als der klassische Hebel, eins der Hauptgeräte der *Mechanik,* mit dem die gegnerische Deckung ausgehebelt werden sollte. Das misslang zunehmend, da die neue Beweglichkeit der Deckungsreihen den *Ansatzpunkt* für eine Brechstange nicht mehr bietet.

Gleichzeitig verschob sich in der Organisation der Arbeitsgesellschaft das Gewicht von der streng hierarchischen Struktur des Chef- und Vorarbeiterwesens zunehmend hin zu mehr Teamarbeit; von Kommandostrukturen hin zu mehr Kooperation – ganz gleich, ob dies aus mehr ideologisch-humanitären Überlegungen geschah, wie in den Universitäten, oder mehr aus wirtschaftlichen Effektivitätserwägungen, wie in der Industrie oder teilweise in der Verwaltung. Fraglos haben inzwischen allgemein verbreiterter Computerumgang und Computervernetzungen die »Spielstruktur« der Büros aller Sparten radikal verändert.

Genau zu bestimmen, wer jeweils *zuerst* dran war mit solchen Entwicklungen, ist nicht einfach. Wenn man vom Abbau gesellschaftlicher Hierarchien ausgeht, liegen die rebellierenden Studenten etwa gleichauf mit den Errungenschaften der Holländer im Fußball. Auf jeden Fall sind es *Spielbereiche,* in denen die Modernisierungsschübe sich zuerst durchsetzen. Die Universitäten sind zwar Ausbildungsstätten, aber zumindest in den 60ern waren sie ebenso sehr Experimentierfelder für neue gesellschaftliche Verhaltensformen. Dass man auch da »gut zu spielen hatte«, verstand sich von selbst. Ganz zu Recht traten die avanciertesten Studenten als *Lehrer* ihrer Professoren auf. So wie die avanciertesten Spieler als *Lehrer* ihrer

Trainer. Wie heute die avancierten Computerschüler als Lehrer ihrer Eltern und manchmal sogar Ausbilder.

Die holländischen Fußballer in den 60ern hatten dabei den unschätzbaren Vorteil, dass es bei ihnen ganz ohne Gewalt ging. Die Trainer wie auch die *holländische Gesellschaft im Großen* folgten den Fußballern, sie übernahmen deren »Vorschläge« oder sie befanden sich in einer parallelen Bewegung zu ihnen. Waren in Deutschland Ende der 60er noch studentische Proteste und Aktionen vonnöten, um endlich die gemischte Belegung von Studentenwohnheimen durchzusetzen, glänzte das holländische Team bei der WM 1974 mit der öffentlichen Aufhebung des bis dahin *ziemlich eisernen* Verbots von Sexualität für Sportler »vor dem Kampf«. Schwächung der Spielstärke? Lächerlich. Die Holländer sonnten sich in der Behauptung (und die Dänen taten es ihnen nach), »wir spielen besser als die Deutschen, eben *weil wir mit unseren Frauen schlafen* in der Nacht vor dem Spiel«. Keine Widerrede von Rinus Michels und von der holländischen Öffentlichkeit – wovon deutsche Zeitungen immerhin berichteten.

Während die deutschen Spieler beinah Gewalt anwenden mussten, damit ihre Frauen beim Abschlussbankett zur Feier des Titelgewinns zugelassen wurden. Die Bosse vom DFB wollten ein Siegessaufen ohne Frauen durchziehen. Innerhalb der reaktionären Strukturen deutscher Sport- und Politikverbände waren die Fußballer also progressiv. Gegenüber den Studenten waren sie es nicht, und im europäischen Fußballervergleich waren sie es auch nicht.

Aber es war gut zu sehen, wie die deutsche Mannschaft um 1970 herum zumindest einiges vom Outfit »der Rebellion« übernahm, an erster Stelle die verpönten längeren Haare. Dazu entwickelte sie insgesamt einen anderen Umgang mit Mode, Popmusik und Sexualität. Es ist gerade diese Entwicklung, die sich in Günter Netzer mehr als in jedem anderen Spieler jenes Moments darstellt. Seine Mähne war nun mal die längste; besser angezogen als die meisten war er auch, seine Freundin filmmäßiger und blonder, sein Sportwagen etwas roter oder schwarzer und schicker. Als Weltmeister im Trainingsfleiß galt er ebenfalls nicht, sondern eben als der Begabte, der die Maloche nicht braucht, als das Genie, dem die Bälle gehorchen und zufliegen. So wählte sich jene Schicht der Sportjournalisten, die sich selbst im Aufbruch wähnten, und auch jene literarischen Intellektuellen, die sich, besonders wegen der spielerischen Eleganz von Borussia Mönchengladbach, entschlossen hatten, zu Fußballfans zu konvertieren, eben Günter Netzer zur Galionsfigur; und gegen diese Wahl ist auch nichts einzuwenden.

Die anderen Spielerfiguren, die von den fußballerischen Qualitäten her für eine solche Position in der öffentlichen Produktion von Idol-Modellen in Frage gekommen wären, Wolfgang Overath und Helmut Haller, liefen zwar auch in Anzügen von Dior oder bester italienischer Mode herum, sie waren aber zu wenig popstarmäßig drauf, um die Ansprüche einer Öffentlichkeit zu erfüllen, die gegen Ende der 60er ganz entschieden im Star-Fußballer *mehr sehen wollte*, als den Fußballer. Nämlich einen *Aufbruchshelden* in die endlich anstehende Durchlüftung der deutschen Nachkriegsgesellschaft und ihre endliche Befreiung vom Nazigeruch. Netzer schien den vergleichsweise wenigsten *Muff* unter seinem Trikot herumzuschleppen. Auf dem Platz, privat und in der Jet-Set-Welt. Die deutsche Öffentlichkeit wollte im Fußball endlich einen Typ, der wie Gunter Sachs an die »Sphäre Bardot« heranreichte, an *internationalen Glamour*, einen fußballerischen Elvis also. Für diese Rolle kam der naiv konservativ daherredende Franz Beckenbauer, der rein fußballerisch betrachtet klar überlegene Spieler, nicht in Frage.

Dies war der geschichtliche Moment in der BRD, in dem breite Teile der Gesellschaft für einen *Fußballspieler* als Modellfigur gesellschaftlichen Aufbruchs votierten. Willy Brandt, an dem schon bald der Makel der Berufsverbote klebte, war viel umstrittener als Netzer. Es war ein Fußballer, der *friedliche* deutsche Größenphantasien in diesem Moment in sich versammelte. In diesem Umstand liegt Netzers bis heute währender Glanz und Ruhm. Fußballerisch waren es ja nur zwei, drei Jahre, in denen er der Nationalelf wirklich einen Stempel aufzudrücken vermochte, ihren Stil zu »prägen«.

Der Weltmeisterschaftssieg von 1954 in Bern hatte »Deutschland« zwar angeblich in die Völkergemeinschaft zurückgeführt. Aber im Bewusstsein der andern Europäer waren die Deutschen doch die Klopper geblieben; martialische Typen unter der angeblich zivilisierten Fassade. Das änderte sich erst nach der WM von 1974. Das berühmte Foto von Gerd Müller und Paul Breitner nach dem Gewinn des Titels, beide mit dicker qualmender Havanna, assoziierte Fotos von Fidel Castro und Che Guevara. Das Bild ging um die Welt; jeder sah es, registrierte, »Ah, deutsche Spieler mit einer Art Witz!«. Wo hatte es das je gegeben? Keiner verwechselte einen der beiden mit den Helden der kubanischen Revolution. Aber man sah, dass sie zu »zitierenden Gesten« fähig waren, zu Auftritten im Welt-Pop-Theater, denen die übliche deutsche Rückständigkeit oder Lächerlichkeit nicht anhaftete. Das hat erst die Generation der Netzer, Breitner, Beckenbauer, Müller, Overath, Hoeneß usw. geschafft. Die politische Öffentlichkeit Europas und der Welt erkannte ein *neues Modell* der Deutschen in ihren *Fußballern.*

Und dies nicht zu Unrecht. Den beiden großen Emanzipationsbewegungen der 70er Jahre, dem Feminismus und der Ökologie, darf man, mit gewissen Einschränkungen, die Entwicklung im Fußball als einen weiteren Strang hinzufügen.

Die partielle Befreiung des Profifußballs aus seinen bis dahin vorherrschenden Kommandostrukturen bedeutete vor der Welt so etwas wie die offizielle Beendigung des latent *Soldatischen* in Deutschland, von dessen Untergang noch niemand so recht überzeugt gewesen war. Dass in der Folge nur weniges von den Debatten zur Veränderung der *Spielsysteme* in Deutschland hängen blieb, lag vielleicht auch daran, dass hier zunächst einmal das Recht auf *Individualisierung* durchgesetzt werden musste.

Die fußballerisch herausragenden Individualisten der 70er, die Beckenbauer, Breitner, Hoeneß, Netzer usw., tendierten sämtlich zu einer Art freiem Unternehmertum nach Beendigung ihrer aktiven Karrieren. Auf den so genannten »Angestelltenfußballer« der 80er Jahre, verkörpert in Spielern wie etwa Bernd Förster, waren sie nicht gut zu sprechen. Besonders Paul Breitner bekämpfte unermüdlich den neuen angepassten »initiativlosen« Mittelstandsmucker im Fußballdress. Wobei er allerdings arg oft die Grenze zwischen Analysten und Maulhelden verwischt(e). Bis in den späten 90er Jahren Franz Beckenbauer das Wort vom *Rumpelfußballer* erfand, und *BILD* dies Wort zum Markenzeichen neudeutschen Fußball-Niedergangs machte, war also einiges geschehen.

BILD hat dann mit der massiven Verbreitung des Beckenbauerschen Klageworts vom deutschen *Rumpelfußballer* die Lage gewohnt schamlos für sich ausgebeutet. Der an die große Glocke gehängte Rumpelfußballer wurde in *BILD* ja nicht nur beklagt, sondern auch als Wegbereiter einer Rückkehr zu »deutschen Tugenden« benutzt. *BILD*, auch wenn dort bei passender Gelegenheit ein Münchner Fußballballett gefeiert wird, steht immer wieder Gewehr bei Fuß. So wurde etwa Fredi Bobic, nachdem er ein paar Mal im Nationalteam getroffen hatte, von *BILD* im Herbst 2003 groß als Fredi *Bombic* aufgemacht. Bobic tat den *BILD-lern* den gewünschten Gefallen nicht und schoss wochenlang kein Tor. Man sieht an solchen Volten, dass eine *Aufkündigung fortschrittlicher Momente* im deutschen Fußball jederzeit möglich ist. Im Zweifelsfall hauen die Großorgane voll auf die Erfolgspauke – egal mit welchen Mitteln Erfolge errungen werden, mit Rumpelfußball oder mit Kurzpassballett. Rudi Völler widersteht dem bisher in bemerkenswerter Weise, wofür ihn *BILD* – das sind die Sachzwänge des Boulevards – nach unabweisbaren Erfolgen zu *Rudi dem Riesen* ernannte. Sie können dort allerdings jeden Moment den Rudi als Rumpelzwerg aus der Kulisse holen, sollte es mal nicht so laufen.

Teil VIII
Neubegrenzungen des Spieles

Kleine Fehler und eine zu große Regel

Es sind die kleinen Fehler, manchmal Minifehler, die heute die ganz großen Spiele zwischen etwa gleichwertigen Mannschaften entscheiden. Das ausgewogenste Spiel, das ich in dieser Hinsicht gesehen habe, war das WM-Finale 1994 in den USA zwischen Italien – Brasilien. Zwei perfekte Mannschaften auf dem Platz zaubern in traumwandlerischen Stafetten den Ball über den Platz – bis zum gegnerischen Strafraum. Dann beißen die wunderbaren Angreifer auf den Granit ebenso wunderbarer Verteidiger. Es kamen bei äußerst hochklassigem Spiel so gut wie keine Torchancen zustande. Diamant gegen Diamant sozusagen. Es blieb 0:0 und wurde verlängert. Nach 120 Minuten stand es immer noch 0:0. Allenfalls hätte es 1:1 stehen können bei *optimalster* Chancenausnutzung durch Baggio und Romario. Diese beiden Supermannschaften führten vor, dass sie dem Gegner auch nach drei Stunden keinen entscheidenden Vorteil erlaubt haben würden, weil sie *zu gut* geworden waren. Das Spiel war *ausgereizt*, bis in den kleinsten Winkel und in die kleinsten Details.

Unter den Fernsehkommentatoren war es wieder zuerst Beckenbauer, der die Drohung einer Pattsituation im Spitzenfußball sofort begriff. Er brachte zwei Vorschläge in die Diskussion, die das Spiel wieder torreicher, attraktiver machen könnten. Reduzierung der Spielerzahl auf neun oder zehn war der eine; Vergrößerung der Tore um etwa einen Ballumfang in der Höhe und in der Breite der andere. Wenn man alle jetzigen Latten- und Pfostenschüsse in Tore umrechnet, kommt in der Tat etliches zusammen. Die Verringerung der Spielerzahl würde mehr Raum für die Umsetzung spielerischer Überlegenheiten und besonders für die Aktionen der Einzelkönner schaffen. Die Diskussionen verebbten dann wieder; für so gravierende Einschnitte gibt es in schwerfälligen Weltverbänden selten Mehrheiten. Aber zumindest um die *leidige* Abseitsregel flammen regelmäßig Diskussionen wieder auf. Zu Recht. Man kann inzwischen sagen, dass jedes zweite oder dritte Spiel durch eine umstrittene Auslegung der Abseitsregel entschieden wird – durch Schiedsrichterauslegung also. Da müsste der Schluss auf der Hand liegen, diese Regel grundlegend zu modifizieren.

An erster Stelle müssten die Schiedsrichter und Linienrichter *selber dafür plädieren*, dass ihnen diese Bürde abgenommen wird. Im Moment sind sie zu Fehlentscheidungen mehr oder weniger *gezwungen*, weil sie ohne die Hilfe eines elektronischen Beweismittels überfordert sind: Niemand kann seine Augen *gleichzeitig* an zwei Plätzen haben – beim abspielenden Spieler und bei jenem, für den der Ball gedacht ist. Genau das aber verlangt eine richtige Auslegung der Abseitsregel. Weder Schieds- noch Linienrichter können das. Und so kommt immer wieder die Kamera ins Spiel, die *beide Punkte* in einem Bild erfasst und aufdeckt: Ha, Fehlentscheidung! Es war *doch* ein reguläres Tor, oder: Es hätte nicht gegeben werden dürfen. Ärger in beiden Fällen.

Für die Schiedsrichter kommt das einem Double Bind nahe. Double-Bind-Strukturen machen laut psychiatrischer Erfahrung krank. Die jetzige Abseitsregel tendiert dazu, zumindest sensible Schiedsrichter, die unter ihren Fehlentscheidungen leiden, aus ihrem Gleichgewicht zu bringen.

Soweit ich mich erinnere, gab es nur einen Trainer, der immer vehement die Abschaffung der Abseitsregel gefordert hat: Tschik Cajkovski von den Bayern. Kleines dickes Cajkovski hatte die erste große Torfabrik der Bayern mit Brenninger, Ohlhauser, Gerd Müller, Nafziger und ähnlichen Hochkarätern ins Laufen gebracht. Er hätte sie gern abseitsungebremst auf Torejagd gesehen. Beckenbauer spielt auch hin und wieder mit dem Gedanken der Abschaffung, weiß aber, dass der Vorschlag international kaum Chancen hätte. Es wäre ja auch schade, all die Errungenschaften, die die Holländer mit der Erfindung der Viererkette und dem Engmachen des Raums in den modernen Fußball eingebracht haben, durch einen Federstrich wieder zunichte zu machen. Aber *irgendetwas* müsste getan werden, um die jetzige Bredouille zu beenden.

Es gäbe durchaus praktikable Lösungen, scheint mir. Man müsste dafür aber die traditionelle Zweiteilung des Felds auflösen und vor jedem Tor einen Raum schaffen – einen Dreißig-Meter-Raum etwa –, in dem die Abseitsregel aufgehoben wäre. Soll heißen: Jeder Ball, der innerhalb dieses »Dreißigers« abgespielt wird, wäre nicht mehr abseits. Hat die angreifende Mannschaft diese Zone mit dem Ball erreicht, ist das Abseits für diesen Angriff aufgehoben.

Das würde alle Möglichkeiten der vorgeschobenen Abwehr, Viererkette an der Mittellinie etc. erhalten und weiterhin den langen Pass auf vorn lauernde Stürmer unterbinden. Aber es würde all die Unsinnigkeiten, ob ein im Fünfmeterraum gespielter Ball vielleicht um Zentimeter abseits war, aus dem Spiel nehmen, weil alles, was im Sechzehner passiert, prinzipiell nie abseits wäre. Die Abseitsstellungen, die sich im Gewimmel dicht vor dem Tor ergeben, sind sowieso absolut zufällig, folgen nicht mehr der Abwehrstrategie der verteidigenden Mannschaft. Es würde viel mehr Tore und viel weniger Ärger geben. Es würde zu einer Entmachtung der übermächtigen elektronischen Kameras (und der Fernsehkommentatoren) zu Gunsten einer vernünftigen Stärkung der Entscheidungskraft der Schiedsrichter führen. Und die Verwirrung, die mit der völlig willkürlichen Auslegung des passiven Abseits durch verschiedene Schiedsrichter allen Beteiligten nur noch auf die Nerven geht, nähme ab. Aber –

Sie lachen wahrscheinlich und wissen tausend gute Gründe dagegen. Nur: Die jetzige Abseitsregel widerspricht dem Grundgedanken des Spiels. Es soll durch die Spieler entschieden werden, und dafür braucht man spielbare Regeln statt absehbarer Unlösbarkeiten.

Ausschlag des Pendels oder die Zünglein an der Waage

Bei der WM in Japan/Südkorea gab es reichlich Material zur Stützung der Beobachtung von den kleinen und kleinsten »Fehlern«, die große Spiele entscheiden. Drei besonders eindrückliche und auch witzige möchte ich hier dokumentieren.

Im Viertelfinale zwischen England – Brasilien steht es 1:0 durch Owen, wir sind in der Nachspielzeit der ersten Halbzeit. Spieldauer 46:30 min sagt die Zeitanzeige im Fernsehbild. Ein ausgeglichenes Spiel bis dahin. Klasse: mittelprächtig. Der FIFA-Zeitnehmer an der Seitenlinie hat drei Minuten Nachspielzeit angezeigt. Geplänkel im Mittelfeld; der englische Abwehrspieler Ferdinand produziert eine seiner nicht ganz freiwilligen Halbkerzen, der Ball kommt in der brasilianischen Hälfte runter, Beckham und ein Brasilianer springen hoch, beide verfehlen den Ball, der Ball prallt hoch, der Brasilianer erwischt ihn leicht mit dem Hinterkopf, befördert ihn über Beckham hinweg in Richtung Seitenaus. Es wird Einwurf für England geben. Noch ein wenig Geplänkel, dann wird es mit 1:0 für England in die Kabinen gehen. Nichts deutet darauf hin, dass es eine Minute später in der Einblendung auf dem TV-Schirm Brasilien 1 – 1 England heißen wird. Doch eine Kleinigkeit führt zum brasilianischen Ausgleich, eine wirkliche Unscheinbarkeit, von keinem Reporter kommentiert, da im Moment, als sie passiert, das Unheil noch nicht abzusehen ist, und weil die TV-Regisseure beim Replay wichtiger Szenen immer nur ein paar Sekunden zurückschalten. Immer nur auf die *unmittelbare* Vorbereitung gefallener Tore und nicht eine halbe oder eine ganze Minute, wie es sehr oft wünschenswert wäre und oft sogar *nötig*, um die Entstehung eines Tores angemessen zu rekonstruieren. Zumindest die Halbzeitkommentatoren könnten dies tun; warum sie sich *die Leckerbissen* der Nachbereitung so oft entgehen lassen, verstehe wer will. Die wirklich *prickelndsten* Szenen eines Spiels entgehen einem dadurch oft.

Was geschah? Beckham war dem Ball, der in Richtung Seitenaus hoppelte, ruhig nachgelaufen. Er stand dichter zum Ball als alle anderen Spieler, aber locker umringt von drei Brasilianern, die den Ring enger ziehen würden, sobald er den Ball annehmen würde. Besser also, ihn ins Aus gehen zu lassen und dann selber einzuwerfen; nein, einen Kollegen aus der Abwehr einwerfen zu lassen, ein paar Sekunden gewinnen, zwei Minuten der Nachspielzeit sind dann rum. *Aber:* Der Ball hat vom Kopf des Brasilianers einen Effet mitbekommen. Der Ball stoppt ab, er zögert einfach, ins Aus zu gehen.

Zwei brasilianische Spieler erfassen die Situation: Cafu und Roberto Carlos. Sie stürzen an der Seitenlinie entlang auf den Ball zu, Cafu von der Strafraumseite her, Roberto Carlos von der Mittellinie. Roberto Carlos legt sich waagerecht und setzt zu einer Fluggrätsche an. Beckham ist immer noch am nächsten zum Ball. Mit einem schnellen Schritt könnte er ihn erreichen, zwar nicht mehr unter Kontrolle bringen, ihn aber ins Aus befördern. Auch das brächte noch Zeitgewinn. Aber im selben Moment dürften Cafu oder Carlos oder sogar beide den Ball erreichen, eine klassische Zange also; Beckhams Fuß wäre genau mittendrin – Beckhams nach *langwieriger Mittelfußverletzung* gerade ausgeheilter Fuß. Bis zum Beginn der WM 2002 war noch nicht klar gewesen, ob Beckham

England – Brasilien: David Beckham im weißen Trikot sichert Ball auf dem Weg zur Seitenlinie.

Der Brasilianer Roberto Carlos grätscht nach dem Ball.

überhaupt würde spielen können. Beckhams Mittelfußknochenverletzung nach einem Zweikampf im April 2002 hatte Englands Gleichgewicht durcheinander gebracht. Der Fuß prangte auf den *front pages* der englischen Zeitungen. Die Queen schickte dem verletzten »Goldenen Fuß« ein Genesungstelegramm. Was war das englische Team ohne diesen Fuß? Der eher linksstehende *Guardian* erfand den Begriff »Holy Beckham« für den jungen Mann, dessen Knochen schon eine Reliquie wurde, während er ihn noch in Gebrauch hatte. Englands schwedischer Trainer Sven Göran Eriksson hatte Beckham als Verletzten in den Kader berufen und war das Risiko eingegangen, dass er nicht würde spielen können. Und in der Tat hatte er zunächst pausiert. Nun hatte er von den Ärzten grünes Licht bekommen, es lief auch nicht schlecht. Aber nun sollte er seinen Fuß in eine brasilianische Grätschen-Zange stecken, um einen unwichtigen Ball zu retten? Eine Minute vor dem Halbzeitpfiff, mitten in der brasilianischen Hälfte, bei eigener 1:0-Führung und ohne ersichtliche Gefahr fürs eigene Tor? Einen Ball retten, der eigentlich längst Aus war, so gut wie Aus war?

Nein, das wollte er nicht. Beckham entscheidet im Bruchteil einer Sekunde, den Ball nicht zu spielen. Er springt hoch, unten treffen sich die Stiefel der grätschenden Brasilianer, Beckham springt über diese Hürde hinweg, springt selber ins Aus. Er nimmt dabei seine Beine zusammen, hüpft also in einer Art Kaninchensprung ins Seitenaus. Er wendet beim Landen den Kopf gleich rückwärts und sieht, dass der verdammte Ball im Spiel geblieben ist, was völlig unwahrscheinlich war. Der heranjagende Cafu hat ihn gerade auf der Linie noch erwischt. Von den Beinen der ineinander rutschenden Brasilianer springt der Ball hervor in Richtung Mittellinie, Cafu erwischt ihn als Erster, nach ungenauem Abspiel und Pressschlag im Mittelfeld kommt der Ball zu Ronaldinho. Der

Beckham springt hoch und …

… unten treffen sich die Schuhe der Brasilianer Carlos und Cafu.

Beckham landet im Aus, …

… aber nicht der Ball.

Cafu erwischt den Ball als Erster und spielt ihn ins Mittelfeld zu …

… Ronaldinho, der zu einem Solo durchs Mittelfeld ansetzt und den Ball an der Strafraumgrenze abspielt.

weiß, dass gleich abgepfiffen wird, und startet ein Solo, startet durch bis zum Strafraum, mit wunderbarer Ballführung samt einem in den Lauf eingebauten Übersteiger zur Täuschung der englischen Verteidigung. Rechts freigelaufen hat sich Rivaldo, Ronaldinho spielt ihn aus vollem Lauf mit dem Außenrist an, Rivaldo schlenzt den Ball mit dem linken Innenspann ins lange Eck, unhaltbar für David Seaman. Genau zwölf Sekunden nach Beckhams fußschonendem Karnickelsprung ins Seitenaus liegt der Ball zum 1:1 im englischen Tor. Tragisch!

Gespielte Zeit: 46 min 48 sec. Ganz sicher ist: Wenn Beckham entschlossen auf den Ball geht, wenn er ihn ins Aus schiebt, fällt dieses Tor nicht. Es hätte Einwurf für Brasilien gegeben, oder, wenn er am Fuß getroffen worden wäre, Freistoß für England. England wäre mit 1:0 in die Kabine gegangen. Am Ende des Spiels steht es 2:1 für Brasilien. Wie es ohne Beckhams Sprung ausgegangen wäre? Vielleicht genauso, Brasilien war besser, vor allem in Halbzeit zwei. Aber es ist ein Riesenunterschied, ob man mit 0:1 oder 1:1 in die Pause geht, zumal wenn der Ausgleich Sekunden vor der Pause fällt. Solche Treffer *kippen* oft Spiele.

Vorwurf an Beckham? Keiner. Sein Sprung zum Schutz seines grad geheilten oder noch heilenden Fußes war bestimmt richtig. Nicht nur Salihamidciz wird mit ihm fühlen. Dass ein brasilianisches Tor daraus entstehen würde, war völlig unabsehbar und zu 99 % auszuschließen. Und doch »verschuldet« er es auf diese Weise. Ein *hämisches* Tor (aus der Sicht Beckhams). Als wollte es unterstreichen, dass dem sonst so erfolgsverwöhnten Spice Boy, dem vom Glück verwöhnten, bei *Weltmeisterschaften* das Glück eben nicht folgt. Bei der WM 1998 in Frankreich war er nach einer unbeherrschten Aktion gegen Argentinien vom Platz geflogen. Ein Großteil der englischen Presse gab Beckham die Schuld an Englands Ausscheiden.

Der Pass von Ronaldinho kommt rechts im Strafraum zu Rivaldo, der …

… mit einem Schlenzer den Ausgleich für Brasilien erzielt.

Nun, vier Jahre später in Japan, war er mit Sicherheit besonders darauf konzentriert, dass Ähnliches sich nicht wiederholt. Und nun *dies*! Unglücksregel: Passt man an der einen Stelle besonders auf, passiert das Unglück anderswo. Es war einfach verfluchtes Pech!

Der Vorwurf gegen ihn aus der WM 1998 in France wurde nicht wiederholt. Es schien auch, als habe kaum jemand seinen Karnickelsprung bemerkt; zu unscheinbar, zu unspektakulär. Ich habe ihn jedenfalls nirgendwo kommentiert gefunden. Für mich war dies einer der aufregendsten Momente der letzten WM – die unfreiwillige Bereitung der *Stufe*, auf der Brasilien das Endspiel erreicht. Auch nach zwanzig Mal Anschauen des Videos, ob in Einzelbildschaltung oder im Normallauf, begreife ich immer noch nicht, warum dieser Ball *nicht* ins Aus ging. Es ist ein ganz und gar unwahrscheinlicher Eingriff des Fußballgotts in den Lauf des Balls zugunsten der Brasilianer. Und wie ein Kommentar an Beckham: »Du Schelm willst deinen Fuß hier schonen! Sorry, das machen wir nicht mit (diesmal).«

Ein Eingriff, den die Brasilianer sich allerdings »verdient« haben durch den Doppeleinsatz von Cafu und Roberto Carlos, die in der 47. Minute einem Ball hinterherjagen, den eigentlich Beckham schon sicher hat. Haben sie gespürt, dass er um diesen Ball nicht kämpfen würde? Gespürt, dass ein Fuß im Schongang ihnen eine Chance eröffnet? Aufgedreht bis unter die Haarspitzen gehen beide voll auf diesen Ball und *zwingen* Beckham zum Sprung, und zwölf Sekunden später steht es 1:1. Gnadenlos & grandios.

Einem ähnlich motivierten Einsatz eines einzelnen brasilianischen Spielers verdankt sich das 1:0 der Brasilianer im Endspiel gegen das deutsche Team. Diesmal ist es Ronaldo. Ihm hilft dabei nicht der Fußballgott, sondern Schiedsrichter Collina (ohne es zu wollen) und eine gerdmüllerartige Eingebung beim Erspüren von Torchancen. Paradoxerweise leitet dieses brasilianische Tor sich dadurch ein, dass Ronaldo in halblinker Position den Ball in der deutschen Deckung verliert. Der Ball kommt zu Ramelow, der zentral auf der Strafraumgrenze steht, unbedrängt. Ramelow eröffnet den Gegenzug mit einem schnellen Abspiel auf den nächststehenden freien Mann, Didi Hamann, der ebenfalls zentral postiert ist rund 15 Meter weiter vorn. Hamann, zunächst ebenfalls unbedrängt, setzt Ramelows Anspiel nicht sofort in eine Vorwärtsbewegung um. Er nimmt den Ball »sichernd« an, mit Blick und Körperöffnung hin zur linken Seitenlinie. Dorthin wird er abspielen müssen. Er spielt aber nicht gleich ab und in den nächsten zwei Sekunden wird Ronaldo, der den Ball zuvor verlor, bei ihm sein und ihm den Ball von hinten weggespitzelt haben.

Lässt man es bei dieser Betrachtung bewenden, wird man von einem Fehler Hamanns sprechen müssen. Ein Fehler, der das brasilianische Tor zwar nicht zwingend herbeiführt, der es aber einleitet. Und *gar nichts weiter* wäre passiert, hätte Olli Kahn den folgenden Distanzschuss Rivaldos festgehalten, dessen Abpraller Ronaldo dann verwandelt.

Mich hat nach dem Spiel interessiert, warum Didi Hamann, bei dieser WM einer der sichersten Deutschen im defensiven Mittelfeld, in dieser Szene so unentschlossen wirkte und den Gegenzug gegen die ballverlustigen Brasilianer nicht schneller eingeleitet hat. Die Betrachtung des Videos bringt zunächst keinen Aufschluss, außer dass auffällt, wie dicht Schiedsrichter Collina bei Didi Hamann steht. Man

Die deutsche Mannschaft im WM-Finale 2002 gegen Brasilien mit den weißen Stutzen, Didi Hamann hat den Ball von Carsten Ramelow zugespielt bekommen.

Dem Anspiel von Hamann zu Metzelder an der linken Außenseite steht Schiedsrichter Collina im Weg.

Hamann legt den Ball auf seinen rechten Fuß, nun ist das Anspiel nach links im Mittelfeld durch Collina versperrt.

Ronaldo spitzelt Hamann den Ball weg.

denkt zuerst, »Na gut, dann wird Collina ja genau gesehen haben, dass Ronaldos schnelle Attacke auf Hamann *kein Foul* war«. Erst bei Einzelbildschaltung ergibt sich ein anderer Blick. Man sieht, dass Hamann im Moment der Ballannahme nur eine einzige vernünftige Anspielstation im Blickfeld hat. Das ist Christoph Metzelder an der Außenlinie. Zieht man aber eine Linie von Hamann zu Metzelder, sieht man, dass sie in diesem Moment von Schiedsrichter Collina verstellt wird. Collina hat nach dem Ballverlust der Brasilianer seine Laufrichtung gewechselt, da er nun einen deutschen Angriff erwartet. Mit großer Wahrscheinlichkeit hätte Hamann Signore Collina angeschossen, hätte er in diesem Moment abgespielt. Er legt den Ball also vom rechten auf den linken Fuß und wieder zurück auf den rechten, macht dabei eine leichte Drehung nach rechts, und hätte in diesem Moment den etwas weiter vorn an der linken Seitenlinie postierten Mitspieler als Anspielstation gehabt. In genau diesem Moment durchquert Collina, der mit dem erwarteten Angriff der Deutschen ebenfalls in Richtung brasilianisches Tor läuft, auch diese Abspiellinie. Er steht Hamann also zweimal im genau *falschen Moment* im Weg.

Es kommt natürlich nicht selten in Fußballspielen vor, dass Schiedsrichter für einen Moment dem ballführenden Spieler im Weg stehen. Durch Bewegung des Schiedsrichters oder Körperverschiebungen des Spielers behebt sich das in der Regel binnen Sekundenbruchteilen; der Spieler mag das bewusst oder auch unbewusst wahrnehmen; nur selten schießt er den Schiedsrichter an und nach dem Spiel wird er kaum wissen, ob es eine, zwei oder mehrere oder gar keine solcher Situationen gab. In diesem Fall reichen ein, zwei Sekunden dafür, dass ein aufgedrehter Ronaldo an Hamann, der immer noch die Kugel zwischen seinen Beinen beherbergt, herangebraust ist und sie ihm von hinten aus den Beinen

Ronaldo spielt den Ball zu Rivaldo, der …

… passt nicht zurück, sondern schießt selbst.

Der nasse Ball prallt Kahn von der Brust …

… und Ronaldo ist zuerst da und verwandelt zur Führung.

gespitzelt hat. Er geht dabei zu Boden, Hamann fällt auch, aber Ronaldo ist schneller wieder oben und spielt die Kugel nach halblinks zu Rivaldo. Er selber startet in zentraler Position nach vorn durch und erwartet Rivaldos Doppelpass in die Lücke der deutschen Abwehr, die durch den unerwarteten Ballverlust entstanden ist. Rivaldo passt aber nicht zurück, sondern schießt selber aus gut 18 Metern. Ein nicht sehr platzierter Schuß, Kahn geht an der bedrohten Stelle des Tors in Fanghaltung zu Boden. Im nächsten Augenblick wird er den Ball zwischen Körper und Armen in der Bauchhöhle geborgen haben.

Hiermit wäre der Angriff eigentlich beendet. Die kleine Unstimmigkeit in den Positionierungen von Hamann und Collina wäre völlig unbemerkt, weil *folgenlos* geblieben. Sie hatte aber Folgen, weil zweierlei Unerwartetes geschah. Erstens hielt Oliver Kahn den Schuss von Rivaldo nicht fest. Der nasse Ball prallt ihm irgendwie von der Brust ab und rutscht nach vorn durch die Finger auf den Rasen zurück. Zwar hechtet Kahn sofort hinterher und hätte den Ball sofort wieder unter Kontrolle gehabt, aber er war nicht mehr allein. *Gegen jede vernünftige Erwartung* war Ronaldo nach dem Schuss Rivaldos nicht abgedreht, um sich wieder nach hinten zu orientieren, wie man es als Stürmer macht, wenn der gegnerische Torwart den Ball unter sich begräbt. Man kann das an den Videobildern sehr schön sehen: Als der Ball zu Kahn unterwegs ist, stehen die deutschen Defensivspieler viel näher zu Kahn als Ronaldo. Aber keiner von ihnen läuft in Richtung eigenes Tor, einfach weil sie keine Gefahr sehen. Kahn wird diesen Ball *halten*. Nur einer läuft, nur einer startet durch, Ronaldo. Und tatsächlich, als er zwei Meter vor Kahn angekommen ist, lässt dieser ihm den Ball vor die Füße prallen und Ronaldo verwandelt umgehend. Und entfernt sich zeigefingerschwenkend, als wollte er demonstrieren: »Hab ich doch gewusst, dass der den Ball nicht festhalten wird«. Gewusst? Wissen kann man so etwas nicht. Lernen wahrscheinlich auch nicht. Und wenn man das *immer* machen würde, aus Prinzip also auf den Torwart zu stürmen, wenn der den Ball längst sicher hat, würde man sich lächerlich machen im Spielbetrieb. Man macht so etwas vielleicht in drei von hundert Fällen; aber bei gewissen Stürmern sind das genau die drei Fälle, in denen der Torwart den Ball tatsächlich loslässt. Der einzige Spieler, bei dem man das so oft sehen konnte, dass man diesen »Riecher« nicht für zufällig hielt, war Gerd Müller. Seine fußballerische Seele ist wohl irgendwie in Ronaldo geschlüpft. Der hat auch so eine Art müllerschen Silberblick; das Auge, mit dem man mehr sieht auf dem Feld, als eigentlich zu *sehen* ist, hat sie nicht getäuscht. Von Seiten Ronaldos aus ein *Supertor;* erst von Hamann den Ball ertrotzt, der dort *eigentlich* gar nicht mehr hätte anzutreffen sein sollen, sondern längst unterwegs auf dem linken Flügel Richtung brasilianisches Tor; dann, nach Collinas ungewollter Wegsperre und errungenem Ballbesitz als Doppelpasspartner von Rivaldo verschmäht, dennoch durchstartend, wo alles sonst stehen blieb – und der in Kahn versteckte Schlachtenlenker serviert ihm *willig* das Ding auf den Fuß.

Ein großartiges, ein großartig *verzwicktes* Tor, so ärgerlich es für das deutsche Team auch war. Es drehte die Verhältnisse in diesem Turnier um, man kann auch sagen, es stellte sie richtig. Kahn, der bis hier nicht nur fehlerlos, sondern geradezu überwirklich gehalten hatte, schenkte dem Endspielgegner das 1:0. Jenes 0:1, das er anderen Gegnern, die aus Bestposition auf ihn feuerten, gut zwanzig Mal verwehrt hatte. Er tat dies gegen einen Gegner, der wider Erwarten bis zu diesem Zeitpunkt des Spiels den Deutschen nicht überlegen gewesen war. Gerade das erste Spiel dieses Turniers, in dem die Deutschen von Anfang an besser spielten als ihr Gegner, verloren sie. Eingeleitet von der *kaum wahrnehmbaren Kleinigkeit* einiger (für die Deutschen) unglücklicher Schritte von Collina, der, wie man auf den Bildern deutlich sieht, auch *viel zu dicht am Geschehen* steht. Er ist beinahe *Teil* des Zweikampfs Hamann-Ronaldo. Das ist nicht die Folge einer mangelnden Zurückhaltung Collinas, sondern Folge des unerwarteten Ballverlusts Ronaldos auf der linken Seite, aus der der ganze Ablauf hervorgeht. *Kaum bemerkbares Pech* also für Hamann und die Deutschen. Aber diese absolute Kleinigkeit entscheidet. Kleinigkeiten als *Zünglein an der Waage* entscheiden immer öfter die Spiele gleichwertiger Mannschaften, hier zu Gunsten der Brasilianer.

Ein Zünglein an der Waage entschied auch die Viertelfinalbegegnung Südkorea-Italien. Es war ein Doppelzünglein italienischer Herkunft und hörte auf die Namen Francesco Totti und Christian Panucci. Italien führte in dieser Begegnung bis zur 88. Spielminute mit 1:0; nach einem Tor durch Christian Vieri in der 18. Minute. Die Italiener sind Meister dieser Ökonomie: früh in Führung gehen und diese souverän bis zum Schluss verteidigen. Erzielt der Gegner doch den Ausgleich, legen sie meist (ebenfalls im Schnellgang) ein Tor drauf und verteidigen dann diesen Vorsprung. Niemand gewinnt so oft mit nur einem Tor Vorsprung wie italienische Mannschaften, egal ob Vereins- oder Nationalteams. Nach üblichem Gang der Dinge wären nun die Südkoreaner dran gewesen mit dem Ausscheiden. Die Wiederholung der Endspielpaarung von 1994 – Brasilien gegen Italien – wäre damit im Bereich des Möglichen geblieben. Das hatten die Italiener angepeilt, denn die Deutschen wären ihr Halbfinalgegner gewesen. Eine Aufgabe, deren Lösung in diesem Turnier *leichter* schien als je.

Aber der italienische Superstar Francesco Totti hatte wohl andere Pläne. Noch so um die 85. Minute herum lobte der

Kommentator das souveräne Spiel des eleganten jungen Römers in den höchsten Tönen völlig zu Recht. Totti führte die italienische Kunst des Spiels aus sicherem Ballbesitz in der Tat in Vollendung vor. Das Ziel ist es, den Ball in der gegnerischen Hälfte zu halten. In kleinen Drehungen und Wendungen biss Totti sich auf der rechten Seite fest, spielte ab in die Mitte, bekam den Ball zurück und holte einen Einwurf heraus; holte eine Ecke oder einen Freistoß heraus. Der Ball blieb bei den Blauen, bis auf kurze Gegenstöße der rot-weißen Südkoreaner, die wirkungslos verpufften. Der Reporter verabschiedete schon fünf Minuten vor dem Ende die Italiener in Richtung Halbfinale, das Gastgeberland Südkorea dagegen aus dem Turnier; so drückend überlegen war das Spiel der Italiener. Aber ohne weiteres Tor.

Und wieder führt Totti einen Freistoß aus, von rechts; Vieri verwandelt beinah mit dem Kopf; aber, abgewehrt. Nach kurzem Hin und Her kommt der Ball wieder zu Totti. Kein Italiener vorn ist anspielbar in diesem Moment. Tottis Mannschaftskollegen sind schon auf dem Weg zurück zu Deckungsaufgaben, der Angriff scheint beendet. Totti findet sich von drei Südkoreanern umgeben auf dem rechten Flügel, in der Mitte vor dem Tor nur ein einzelner Südkoreaner. Das Spielchen würde also von neuem beginnen: ein neues Dribbling des trickreichen Italieners, um es geschickt in einen Eckball oder einen Einwurf umzumünzen. – Da tat Totti etwas ganz anderes. Er flankte schlicht und einfach dem südkoreanischen Torhüter den Ball *direkt in die Arme*. Er *gab ihm* einfach den Ball. Aus dem schnellen Abwurf des Torwarts resultiert dann das 1:1 der Südkoreaner in der 88. Minute. Ich war völlig baff. Dies war ein totaler *Black-out* jenes Spielers, der geradezu vorbildlich demonstriert hatte, *wie man so etwas spielt* bei einer 1:0-Führung; wie man den Ball in den eigenen Reihen hält und den Gegner laufen lässt. Und nun dieser totale Bock.

Der Italiener Francesco Totti findet sich von Südkoreanern bedrängt …

… und flankt überraschend in die Arme des gegnerischen Torhüters.

Das Geheimnis dieses Moments wird durch wiederholtes Ansehen des Videos nicht begreiflicher. Kein Koreaner zwang Totti zu diesem Abspiel. Und innen stand kein Italiener, der es hätte verwerten können. Die Sache hatte sich einzig und allein in Tottis Kopf abgespielt; oder in einer Regung seines Fußballerkörpers, der ihm in dieser Sekunde irgendetwas *eingab.*

Hinten, in der eigenen Abwehr, assistiert ihm Sekunden später der sonst fehlerlose Innenverteidiger Panucci. Er lässt den Ball, der ihm nach einer hohen Flanke auf den Oberschenkel fällt, auf den Rasen tropfen, genau vor die Füße des Südkoreaners Sol, der umgehend aus zehn Metern einschießt. Selbst für den hervorragenden Buffon war der Ball nicht zu halten. Und merkwürdig: Nur eine Minute später demonstriert Vieri, dass die Italiener die ihnen eigene Kunst der sofortigen erneuten Führung an diesem Tage ebenfalls nicht beherrschen wollten. Vieri vergibt nach perfekt vorgetragenem Angriff über links die größte Chance des Spiels überhaupt – in der Mitte frei aus viereinhalb Metern. Er tritt den Ball hoch übers Tor. Verlängerung.

In diesem Moment war ich sicher: Die scheiden jetzt aus. Die *wollen* das nicht gewinnen. Die Südkoreaner werden weiterkommen; nicht weil sie besser sind, sondern weil alle Zeichen gegen die Italiener stehen, gestellt von ihnen selbst. Wer so leichtfertig eine Führung vergibt und dann die Chance zum erneuten Siegtor, der *will* hier nicht gewinnen. Aus welchen Gründen auch immer. Den gleichen Eindruck schien der Schiedsrichter bekommen zu haben, denn jetzt pfiff er deutlich gegen die Italiener. Zuerst wurde eine hundertprozentige italienische Chance wegen Abseits abgepfiffen, die aber deutlich nicht abseits war. Dann wurde Francesco Totti wegen einer Schwalbe, die keine war, vom Platz gestellt. Ein Verteidiger trifft ihn beim Versuch, den Ball wegzuspitzeln, leicht am Fuß. Totti fällt. Nicht unbedingt Elfmeter, aber auch

Mittelstürmer Christian Vieri vergibt die große Chance zum Siegtreffer gegen Südkorea.

nicht gelbkartenwürdig. Normalerweise bedeutet ein Schiedsrichter hier: weiterspielen. Zumal in der 110. Minute eines WM-Viertelfinales. Hier nicht. Totti, der schon Gelb hat, musste runter. An der Seitenlinie brüllt und tobt Trapattoni. Vergebens. Die Südkoreaner, frisch beflügelt von der Wendung der Dinge, werden zusehends besser und machen folgerichtig ihr Golden Goal. Mit einem Kopfball.

Trapattoni und die italienische Presse machten den Schiedsrichter verantwortlich – nicht zu Unrecht, was dessen Pfiffe in der Verlängerung betrifft. Aber warum hatte die italienische Mannschaft das Spiel nicht längst in der regulären Spielzeit für sich entschieden? Dort hatte kein Schiedsrichter sie behindert; und Möglichkeiten hatten sie die Menge. Was war los in Tottis Kopf und in dem einiger anderer italienischer Spieler? Woher kam der sichere Eindruck nach dem Spiel: *Die woll-*

ten nach Hause! Wollten sie den Südkoreanern den Spaß nicht verderben? Dem Gastgeberland sein Fest nicht vermiesen? Italiener können höfliche Menschen sein. 1990, im eigenen Land, ließen sie unnötigerweise Argentinien den Vortritt ins Finale. Aber nein, Quatsch, mit nationalen Eigenschaften oder Empfindungen hat so etwas nichts zu tun. Der Profi ist mit sich, das heißt mit seinem Körper und mit dessen *Zustand* auf dem Platz; nach dessen Maßgaben verhält er sich. Hier könnte schon eher der Ansatz einer »Erklärung« liegen für Black-outs wie den von Totti gegen Südkorea.

Eine »Antwort« ergäbe sich mit Blick auf den Verlauf der folgenden europäischen Saison. Drei italienische Vereine standen im Halbfinale der Champions League, und das Finale war rein italienisch: AC Milan – Juventus Turin 1:0. *Das* italienische Ergebnis. Die italienischen WM-Spieler glänzten und *dominierten* das europäische Feld. Was ich sagen will? Es wird klar mit Blick auf die deutschen Finalhelden von Yokohama. Torsten Frings und Christoph Metzelder, *die* beiden großen Entdeckungen der WM 2002: Kreuzbandrisse. Ramelow, Nowotny, Wörns und Hamann mit Langzeitverletzungen, Jeremies auf der Kippe, dann verletzt. Neuville, Schneider, Klose: monatelange Formschwäche. Leverkusen, das die meisten Spieler der WM-Mannschaft 2002 stellte, steigt beinahe ab. Ballack: Formschwäche, Formschwankungen bis heute. Kehl: physisch schwankend, psychisch höchstangeschlagen. Die triumphale Rückkehr des längst ausgemusterten Fredi Bobic ins Nationalteam während der EM-Qualifikation 2003 ist eine klare Folge der kompletten Absenz *aller* deutschen WM-Stürmer in der Post-WM-Saison. Sie hatten sich *abgemeldet.*

Kurzer Blick zurück zum EM-Gewinn der Deutschen 1996 in England. Die beiden besten deutschen Spieler, Sammer und Helmer, die sich bei diesem Turnier völlig verausgabten, wurden zwar Europameister, kamen aber nie zurück zu alter Form. Sie quälten sich noch ein Weilchen durch ihren Verein und mussten ihre Karrieren beenden. Der nächstbeste Deutsche, Christian Ziege, brauchte mehr als zwei Jahre, um an vergangene Stärken anzuschließen. So gut wie in England 1996 ist er danach nie mehr gewesen. (Ronaldo war erst *drei Jahre* nach seiner Überstrapazierung im WM-Turnier 1998 in Frankreich zurück.) Auch Dieter Eilts überschritt im 96er-Turnier seinen Zenit. Jürgen Klinsmann fand nie mehr zu alter Torgefährlichkeit. Sogar Supertorwart Andreas Köpke war nach der EM in England nicht mehr recht zu gebrauchen und stieg mit Nürnberg ab. Nur Oliver Bierhoff startete seinen Höhenflug. Er war *frisch* ins Team gekommen; machte das Golden Goal und ging hoch wie eine Rakete. Aber *nur er*. Die meisten andern Sieger kamen auf dem Zahnfleisch nach Hause, feierten ihren Sieg; hatten zu knappe Vorbereitung auf die folgende Saison und fanden sich schnell auf den Verletztenlisten und in der Reha.

Offenbar weiß man nicht, wie von Vereinsführungen und Landesverbänden aus dem Phänomen der Überstrapazierung von Turnierspielern zu begegnen ist. Das Problem, obwohl immer wieder einmal angesprochen, wird im Kern verdrängt. Nicht verdrängt hat es Mehmet Scholl, der freiwillig auf die Teilnahme an der WM 2002 verzichtete, weil »die Signale seines Körpers« unüberhörbar geworden waren. Sprunggelenksverletzung, Innenbandanriss, Bandscheibenvorfall, Reha, und immer zu schnell wieder gespielt: »Ich hatte immer diesen Ballast der WM auf den Schultern.« Aber »du kannst deinen Körper nicht bescheißen«, so Scholl im Interview mit der *Süddeutschen Zeitung*. Und: »Wenn ich zum Beispiel keine Linkskurve laufen kann, fehlen meinem Spiel 50 Prozent an Ideen.« Hoeneß, Hitzfeld, Völler redeten ihm freundlich zu, aber Scholl sagte ab. Zwei Jahre möchte er noch spielen. 2004 und 2005 werden zeigen, ob er letztlich richtig lag.

Sicher weiß ich – wie wir alle –, dass die italienischen Mannschaften die Champions League 2002/03 klar beherrscht haben. Die Mannschaften mit den *ausgeruhteren* Spielern, zusätzlich scharf gemacht durch den Ansporn eines »ungerechten Ausscheidens«. Warum sollte nicht *das unbewusste Wissen* der Spieler von solchen Abläufen einem Totti, einem Panucci, einem Vieri im entscheidenden Moment den Fuß oder den Kopf führen? Den Fuß, der dann nach Hause führt. »Denkende Knie« müssen nicht unbedingt *meine* Spezialität nur sein. Rechtzeitig ausscheiden ist nicht immer das Dümmste.

Vier Spiele eines großen Turniers steht man gerade noch durch, das fünfte und sechste gehen über die Kräfte. Das Endspiel selbst geht *so sehr* über die Kräfte, dass es seine Beteiligten fertig macht, gleich ob Sieger oder Besiegte. Die Franzosen haben zwar nach der siegreichen WM 1998 auf der Welle der Euphorie dieses *Erstmals-Sieges* auch noch die Europameisterschaft 2000 gewonnen; aber dann war erst einmal Sense: bei der WM 2002 schied dieses Team – mit beinah denselben Spielern – aus dem Turnier, ohne *ein einziges Tor* geschossen zu haben. Ein amtierender Weltmeister verlässt das Folgeturnier ohne Tor. Frankreichs Sportpresse war allerdings vernünftig genug, die Spieler dafür nicht zu zerreißen (wie es in Deutschland mit Sicherheit passiert wäre).

Man kann zwar sagen, das ist eine »gesunde« Entwicklung. Sie garantiert einen Wechsel unter den Siegern; es gewinnt nicht immer derselbe; aber für die Spieler ist das verheerend. Gäbe es eine funktionierende Spielergewerkschaft, würden den Spielern solcher Turniere vier bis sechs Wochen längere Regenerationszeiten gewährt. Die Führungsetagen der Profivereine sind bisher nicht so vernünftig. Lieber riskieren sie den Fast-Abstieg, wie Leverkusen. Lieber riskieren sie Kreuzbänder und Muskelfasern, wie in Dortmund, wo ein Sammer es besser wissen müsste. In dieser Hinsicht sind die Spieler doch noch Abhängige von Sklavenhaltern. Und spielen dies mit, weil sie sich selber und ihr körperliches Reservoir überschätzen, nur ihre Gelenke erheben Einspruch.

Dies könnten Spieler vom sich digitalisierenden Spiel lernen: dass die größere *individuelle* Freiheit darin liegt, sich als Funktionsteilchen der spielerischen Abläufe zu begreifen und nicht als allmächtiger *Terminator* mit unverletzlichem Metallkörper. Gesünder lebt es sich als fittes Teilchen in den Schaltkreisen. Das »Kribbeln des Siliziums im Körper«, das sich einstellt nach einer Tagesarbeit am Computer, kann auch ein Gefühl im Körper des Spielers sein, der sich in Ruhe regeneriert, an der PlayStation, im Kraftraum, im Bett. Der menschliche Körper des 21. Jahrhunderts ist ganz offensichtlich dabei, die traditionelle Trennung von biologischem und technologischem Körper aufzuheben und auf einen bio-technischen Körper hin zu überschreiten. Die ersten Computer auf Biobasis sind schon in Betrieb.

Alle öffentlich ausgestellten Körper unserer Gesellschaften werden als *Demonstrationsobjekte* dieser Entwicklung genutzt. Zu sehen ist das nicht nur bei Sportlern, sondern auch bei Filmschauspielern, in den Video-Clips von MTV, Viva und in der Werbung. Menschliche oder tierische Körper in Werbespots, die in computergerechneten Bildern im Verfahren des so genannten *Morphing* ständig zwischen technischmetallischen und fleischlichen Formen hin- und hergehen, werben nicht nur für zu kaufende Produkte, sondern für die Akzeptanz eines technifizierten menschlichen Körpers insgesamt. Die Fußballkörper in den Stadien und im TV sind allwöchentliche Bestandteile dieser Exhibition. Das Experiment *biotechnischer Mensch* kocht in Spielform unten auf dem

Rasen – der wohl bald überall ein Kunstrasen sein wird. Schönes Wort: das Rasen der (Fußball)kunst – als Tor zu anderen Wirklichkeiten.

Credits

Die Vorlage zu diesem Buch lieferte Rüdiger Schmidt mit einer Einladung ins Nietzsche-Kolleg Weimar. Resultat war u. a. ein Vortrag mit dem Titel »Wozu Fußball?«. Die Videoaufzeichnung sahen Daniel Theweleit und Christoph Biermann. Sie fanden, es sei ein Buch darin verborgen. Ohne die beiden wäre *Tor zur Welt* nicht zur Welt gekommen. Sie haben das Buch mit Anregungen, Einwänden, Korrekturen und Stoffzufuhr in allen Phasen kritisch und mit viel Enthusiasmus begleitet. Ebenso Rainer Höltschl als dritter helfender Experte. Ihnen gilt mein besonderer Dank, Christoph Biermann auch für die Mühen des Lektorats.

Für weitere Hilfen und Interventionen danke ich Max Theweleit, Monika Theweleit-Kubale, Barbara Lammertink, Christian Schaeffer, Malte van Bargen, Uli Fuchs, der Hüther-Familie und den Last Minute-Assists von Malte Oberschelp, Christoph Kieslich und Michael Wulzinger.

***

Ein spezieller Dank geht an Ernst Jandl für sein gezirkeltes Aperçu *Phallus klebt Allus*, eine Wortkombination, die fußballerisch schon insofern ist, als das Trikot-Gelb des großen BVB in ihr leuchtet. *Phallus klebt Allus* war gedacht als eine Art Elfmeter zur Ahndung des Foulspiels gewisser holzender Theorieströmungen im deutschen Schreiben der 70er Jahre. Dieser Strafstoß ließe sich auch heute gut verhängen. Ändert man den ersten Laut, ergibt sich daraus die aktuelle Form des Pfiffs. Man muss nur das »Ph« durch ein »B« ersetzen.

K. T.
Freiburg, Januar 2004

Marcel Reif
Aus spitzem Winkel

Fußballreporter aus Leidenschaft
Gebunden

Am Anfang ist ein Fußballspiel im Stadion von Legia Warschau, zu dem der kleine Marcel mit seinem Vater geht. Dort beginnt der Traum, den Marcel Reif bis zum heutigen Tag als Fernsehreporter leidenschaftlich ausleben darf. »Aus spitzem Winkel« ist zugleich eine berührende Familiengeschichte, ein faszinierender Blick hinter die Kulissen des Traumberufs Fußballreporter und eine Liebeserklärung an den Fußball.

Paperbacks bei Kiepenheuer & Witsch
KiWi

Christof Siemes
Das Wunder von Bern

Nach einem Drehbuch von Sönke Wortmann und Rochus Hahn

KiWi 800
Originalausgabe

Unvergessen ist die Fußballmannschaft um Trainer Sepp Herberger. Legendär sind Spieler wie Fritz Walter oder Helmut Rahn. Längst ist der Gewinn der WM 1954 ein deutscher Mythos. »Das Wunder von Bern« erzählt von diesem einzigartigen Sportereignis, von dem Anbruch einer neuen Zeit und über das Ruhrgebiet, wo das Herz des deutschen Fußballs schlägt. Denn auch der elfjährige Matthias aus Essen, der in Helmut Rahn seinen Ersatzvater und sein Idol gefunden hat, fiebert mit seiner Mannschaft. Doch als sein Vater nach zwölf Jahren aus der Kriegsgefangenschaft zurückkehrt, scheint nichts wie zuvor ...

KiWi
Paperbacks bei Kiepenheuer & Witsch

Christoph Biermann / Ulrich Fuchs
Der Ball ist rund, damit das Spiel die Richtung ändern kann

Wie moderner Fußball funktioniert

KiWi 702
Überarbeitete und erweiterte Neuausgabe mit einem Vorwort von Ottmar Hitzfeld

Die Fußball-Kenner Biermann und Fuchs liefern mit diesem Buch die Sehhilfe zum Verstehen des modernen Fußballs. Nie wurde in Expertenrunden an der Theke oder vor dem Fernsehapparat mehr über Systeme und Taktik debattiert. »Der Ball ist rund …« ist aber keineswegs ein sprödes Lehrbuch, sondern vor allem für Fans geschrieben.

»Wer so tiefgründig und kenntnisreich über Fußball schreibt, muss das Spiel wirklich lieben.« *Hans Meyer*

Christoph Biermann
Wenn du am Spieltag beerdigt wirst, kann ich leider nicht kommen
Die Welt der Fußballfans

KiWi 383
Originalausgabe

Christoph Biermann, selbst bekennender Fan eines Bundesligavereins, ist der geheimnisvollen Faszination nachgegangen, die der Fußball für ihn selbst und den harten Kern der Fußballfans besitzt.

Mit Beiträgen von Joachim Król, Marcel Reif, Britta Steilmann, Gerd Niebaum, Norbert Bolz und vielen bekannten und unbekannten Fußballfans zwischen zwölf und achtzig.

»Die endgültige Argumentationsunterlage für den Fußball – klug und sachkundig.« *Allegra*

KiWi
Paperbacks bei Kiepenheuer & Witsch

Ronald Reng
Der Traumhüter
Die unglaubliche Geschichte eines Torwarts

KiWi 796
Originalausgabe

»Ein grandioses Buch … Nick Hornby hat einen Nachfolger gefunden.« *Financial Times Deutschland*

»›Der Traumhüter‹, daran besteht kein Zweifel, spielt in derselben Liga wie ›Fever Pitch‹ von Nick Hornby.«
Welt am Sonntag

»Etwas Besonderes in der deutschen Fußball-Literatur«
FAZ